첨벙 다음은 파도

첨벙 다음은 파도

오산하 시집

창비

이름의 뜻을 물어봐준 이들에게

차례

제1부

010	수목
012	거기에서 만나
014	시드볼트
016	겨울영원
019	야광 인간과 손 맞잡고 걷기
022	거짓나무소리
025	홰와 나무
028	진입금지
030	Farewell
033	버려진 이름전(展)
038	최신세
040	두꺼운 책
044	이곳은 영원히 자란다
046	이전의 목록
050	거북이는 도착한다
053	wave
054	물길
056	폭풍우

제2부

- 060 불꽃놀이
- 062 구멍
- 064 올나이트 스탠드 쇼
- 068 공원의 모양
- 071 굿것
- 074 종점과 건축가와 언덕
- 076 우리가 잠깐 죽었을 때
- 078 돌 수집가가 문을 두드렸고
- 082 오리는 혼자서 잘 자랐다
- 084 공원으로의 복원
- 086 옥수수를 가진 사람
- 088 김치 스마일 똠얌꿍
- 091 녹나무 아래 혀 내밀고 있는 것은
- 094 예언이 될 때까지
- 096 밤 없이도 거짓말을 해
- 099 빈 병 줍기

제3부

104 미로에 초대되었습니다

107 발명

110 뮤지컬 스타 호문조

116 밤의 물속 낮의 물속

118 영웅이 된 이후에

122 비실재

124 들개의 자라지 않는 친구들

126 크리소카디움

129 추락을 위한 안내서

132 우리에게 있는 빈방

135 점점 빠르게 쓰는

138 돌 아래 놓인

140 벌거벗지 않은 사랑 찾기

142 낙과

145 햇빛 걷어내기

148 이후의 세계에서

157 해설 | 김영임

173 시인의 말

제 1 부

수목

가벼운 농담을 던지는 사람이고 싶어

비가 오는 날에는 장구를 치고 해가 쨍쨍한 날에는 짜장면을 시켜 먹었지 나를 떠난 사람을 미워하지 않으려고

많은 시간이 해진 상모 끈처럼 풀려버렸네
몇그루인지 모를 나무가 가지를 내밀고

맞잡고 걷자

사라지지 않을 불빛을 찾아 걷자

불 꺼진 건물 앞 노점상에서 모주 한사발 사서 마셨지 가는 길이 멀고 시큼해 나 한모금 나무 한모금 주면 길이 구불거리고 허공은 재채기를 한다

더러러러 더러러러

손을 너무 세게 잡지도 말고 곧 놓칠 듯이 잡지도 말자 힘

을 빼고 서로를 바깥으로 꺼내면서 걷자

 빛바랜 장면을 들출 때
 땅속 깊이 숨은 희끗한 지렁이들이 꿈틀거린다

 영혼은 나무를 베고 선잠에 들어 언제든지 깨어날 수 있다고 믿으면서 소리를 가르는 꽹과리가 멀리서 울고

 해변에 다다르고 보면 손에 쥔 것이 아무것도 없네

 누구도 나에게 사랑이라고 말하지 않았으면 좋겠어

 아무 나무나 잡으면 다 쥐었던 손일까
 고개를 숙이면
 숨을 쉬려고 올라온 영혼과 눈이 마주친다

거기에서 만나

 상설 극장에서 만나. 이 말은 정해진 미래가 된다. 우리가 그렇게 하기로 약속하였으므로. 나는 언제나 변하지 않고 존재하는 극장을 향해 가장 빠른 길을 선택한다. 어떤 선택은 몸을 만들어 뚜벅뚜벅 걷기도 하지. 극장은 매일 몸을 갖는다. 하지만 걷지는 않는다. 그 골목으로 올 거니? 네가 물었고 응 그래야지, 아무래도 그 길이 가장 빠르니까, 대답한다. 소리와 소리가 벽을 만들고 정말 벽이 있는 것처럼 믿게 되는 곳. 연극 같다,라는 말은 결국 연극이 아닌 것에 대해서 이야기하는 것이듯 시 같지 않다,라는 말은 결국 시에 대해서 이야기하는 것이지. 골목엔 서로의 소리를 벽 삼아 등을 기대 조는 사람들이 있었다. 벽과 벽에 갇혀 한번쯤 불길에 휩싸여본 적 있는 사람들이 있었다. 우리는 이곳에 걸어둔 취향이라는 게 있었다. 찢어진 청바지, 유행이 지난 줄무늬 티셔츠, 뜻 모를 영어가 쓰여 있는 모자, 영원을 약속했던 시간… 극장까지 이어진 골목을 걸을 땐 언제나 나의 슬픔이 너의 슬픔보다 모자라다는 생각. 휩싸였다. 이것은 불길이 아니다. 이것은 단지 한쪽만 빨리 닳은 신발 밑창이다. 기울여 걷는 습관이다. 길게 늘어진 불행이다. 불행은 친절하고 신속하고 정확해. 언제나 그런 모습으로 오지. 우리가 정해진 미래를 배신하는 동안 잿더미 위에서 밥을 먹는 사람들이 있었다. 잿더미를 기억하는 건 잿더미를 달여 먹은 사람들. 우리는 이제 아무것도 달여 먹지 않는다. 여전히 극은 상설 중이다. 매일 조명이 꺼지고 조명이 켜지고 대사가 울리고 대사가 울리지 않고 관객이 있고 관객이 없다. 우리의 취향이 찢어진 청바지에서 멈추었다는 이유로 더이상의 미래가 없다고 말할 거니? 우리는 자주 연극이 끝나는 시간에 맞춰 극장 로비에서 걸어 나오곤 했다. 우리는 사실 연극을 본 적 없다. 우리의 삶이 연극 같지 않았으므로. 상설 극장에서 만나. 끝나지 않는 연극 속에. 거리에. 벽과 벽 사이에. 타오르는 골목에. 우리가 건너뛴 골목이 촘촘하게 등을 맞대고 뒤를 돌아보았다.

시드볼트

눈을 감았어 한번도 가보지 못한 국가를 떠올리면서 습한 냄새를 맡으면서 안개 속으로 뛰어들면서 길거리의 새를 하나둘 세면서 걸어

눈이 마주쳐도 날아가지 않는 새 발로 바닥을 밟아도 도망가지 않는 새 까만 눈동자를 쳐다보다가 넘어졌어 까맣게 피멍이 들었다

하루가 지나서 생일 축하해 문자를 받고 시차가 생겼어 하루 늦게 생일을 맞이하면서 종말을 말하는 사람들과 선물 받은 오르골을 돌리면 모르는 노래가 나온다 노래는 언젠가 끝나겠지

전쟁과 전쟁이 끝나고 난 뒤 언제가 가장 끔찍할 거 같아

라는 노르웨이에 가고 싶대 거기에 자신을 묻을 거라고 했어 나는 Green Day의 「Holiday」를 들으면서 반역자! 반역자! 죽어버린 사람들의 피가 흘렀어 아 곧 종말이구나 그래서 라는 노르웨이에 가고 싶구나

두개의 음 두개의 박자 머리 위로 떨어지는 십오층의 사람과 다리 밑으로 떨어지는 차 사람의 바싹 마른 피부와 솟구칠 힘도 없는 피 물 물 물 전쟁이 끝나지 않은 곳에 다 녹아버린 얼음의 흔적과 끈적한 더위가 있어

라는 붙잡아도 부서진다 길을 걷다가 쪼그려 앉아서 새를 가만히 쳐다봤어 새가 내 눈알을 파먹으려고 해도 가만히 있었어 계속 굴러가다가 영원히 남도록 그곳은 마치 도서관 같다

추위, 라는 시드볼트로 들어가 문을 닫았어 이건 한세기 전 살아 있던 사람의 눈알이구나

계속 걸었어 뚝 뚝 흘리면서 걸었어 끊어진 다리 뒤집힌 배 치지 않는 파도 하늘에서 떨어진 새 검은 새 검은 눈동자 뽑힌 눈알 굴러가는 심장 굴러떨어지는 법을 배운 나 깔깔 웃는다

겨울영원

사람의 몸을 빌려 산으로 가는 트럭에 탔다

영원히 겨울인 곳이라고 그랬다
여러 사람의 이름이 winter인 곳이라고
겨울을 부르면 골목의 머리가 뒤를 돌아본다고 했다

겹겹의 니트를 입고
겨울 초입 펭귄의 머리를 쓰다듬는 것은
어떤 행운을 빌어주는 일

빌린 몸을 소중히 다뤄야지
나는 어디 하나라도 녹아내릴까 무서워서
온기 근처에는 가지도 않고 양발을 끌어안았다

사람이 되려면 더할 줄 알아야 한다
꿈에서 들은 말은 아주 멀고

어떻게 사람이 되었어
어떻게 사람의 몸을 빌렸어

내가 있을 자리를 하나씩 뺄셈해보는 건 버릇이다

이곳은 영원히 겨울이지만 눈은 내리지 않아
뼈를 스치는 바람도 얼어서 굴러떨어지는 머리도 없지

사람은 친절히 겨울을 설명하고
모든 winter를 소개해준다

몸을 빌리기까지
가면은 약속 기억은 미로

사람답게 살라는 말 앞에 작은 펭귄이 알을 품고 있다

펭귄은 우리 마을의 마스코트입니다

나는 새로운 약속 앞에서
겨울이 겨울을 나는 것을 들여다본다

실낱같은 손끝을 붙잡는 것은 버릇이다

눈이 내렸으면 찍혔을 발자국을 가늠해보는 것은
영원히
사람이다

야광 인간과 손 맞잡고 걷기

밤눈이 환한 인간들에게서 나는 배우고 싶은 것이 있었지 비틀거리지 않는 방향감각을 가지기 위해 무엇을 갖춰야 하냐고

야광 인간들에 대한 이야기 해줄까 불이 꺼지고 시야가 순식간에 닫혔을 때 시작되는 당연하지 않은 것들에 대해서 말이야

지금 읽는 책은 덮어두고 이불을 머리끝까지 덮어봐
그들은 깜깜해진 찰나의 유일한 목격자고 나는 한때 발광했던 마침표

지루한 꿈이 연달아 지나갔어 몰래 하품하고 몰래 잠에서 깨면서 아무도 나를 보지 못할 거라고 생각했지 잠을 자기 싫었던 건 아냐 어둠 속에도 장면은 있으니까

새끼 고양이의 울음소리가 그치지 않고 깨진 화분이 골목 끝에서 골목 끝까지 굴렀어 반쯤 눈 뜨고 반쯤 눈 감았을 때 야광 인간은 어둠 너머에서 조용히 모습을 드러냈지

스스로 빛나면서 빛 너머를 보는 자들 티끌 하나 놓치지 않고 작은 빛줄기를 읽어내는 자들

하나둘 머리맡에 앉아 있었어 밤의 아수라장 한가운데서 아수라장을 기억한다는 듯이 은은하고 가만하게

모두 본 적 없다 말해도 나는 보았지
눈을 감으면 펼쳐지는 빛의 춤 속에서

처음부터 비틀거리지 않는 방향감각 같은 건 없는 것이었는데 있는 힘껏 비틀거리다 잠들어도 되는 것이었는데

이제 나에게 야광 인간은 보이지 않지만 알고 있지 눈부시게 환해질 때 앞이 흐려지면 잠시 그들이 다녀간다는 사실을

참 이상하지 여전히 나는 쉽게 잠들지 못하고 쉽게 어두워지지만 어쩌면 바로 옆에 있을 야광 인간에게 손을 펼쳐

보이곤 해

 두 눈을 감고 나는 어둠 너머의 이들을 믿게 되었지 작은 이마를 들여다봐주는 반사 반사 반사 빛 인간을

거짓나무소리

    나무 좋아하니. 여기는 나무가 많고. 나무가 조악한 마음을 눈감아주고. 눈을 뜬 기억이 걷고. 그런데 새는 없다.
    새가 보고 싶어서. 깨진 벽돌 사이를 비집는다. 새는 없지만 새처럼 보이는. 새가 된 나무가 있다. 날개의 근육은 굳어. 움직이지 않아.

    반하는 것은 구름다리를 걷는 것 같지.
    절벽 아래로 떨어질 용기. 없다.

    숨겨진 스피커에서 새가 지저귄다. 나무 위로 푸드덕거리는. 공간음향 사운드. 구현된. 나무와 분리된 소리들이 간다. 하늘 혹은 저녁으로.
    거짓나무 앞에 앉은 사람.
    혼자 엎드려 집을 만든다.
    작은 인형의 집. 문과 창문. 선반과 화병.
    강력 접착제로 이루어진 화단.
    고개를 들면. 여전히 새가 운다. 바스락거리는.
    나뭇가지를 물고 가. 집을 지어.

귀를 막은 소리가 있다. 소리의 기억은 슬픔이 돼. 나는 너와 나눈 소리를 작은 가방에 넣고. 단단히 지퍼를 잠그고. 눈을 감는다.
  왜 자꾸 눈을 감아.
  나는 나를 일부러. 잃어버린다.

  뱀이 똬리를 튼 장화 속으로 발을 밀어 넣는다.
  그렇게 하고 있다고 생각해봐.
  마치 진짜 같다고 여기면서.

  나무를 나무와 나뭇잎과 나뭇가지로 분리한다. 분리된. 나무. 나뭇잎. 나뭇가지. 찾으러 우두커니 서 있는 동안. 이 나무는 모형으로 태어난 나무. 나무는 모르고.
  새의 소리만으로. 새가 있다고 믿는 마음. 소리가 나무에게. 나무가 새에게. 새라는 소리에게. 소리라는 새에게. 곁을 내주는 자리에 서서 부서지는 집을 본다.

  손가락에 붙은 마른 물풀을 뜯는다.
  다리를 타고 올라오는 뱀의 비늘들.

접착의 뿌리는 자라지 않지.

나는 잃어버린 나를 나무에게 주고. 나무는 나에게 잃어버린 새를 준다. 떨어진 열매를 주워. 베어 물지 않고 둔다. 나무 좋아하니. 물으면 아무것도 들어 있지 않은. 상자를 접어준다.
  숲으로 가자.
  몸을 바닥에 뉘고.
  기어간다.
  상상만으로 뱀이 되기도 하면서.
  거짓나무소리를. 듣는다.

  어느새 도달한 곳.
  소리를 다시. 놓아준다.

홰와 나무

떨이로 나온 오이를 사서
씻고 깎아 소금에 재워둔다

창밖에서 타는 냄새가 넘어오면
창문을 닫아도 집 안 어딘가가
타고 있는 것 같다

옆집은 오늘도 버려야 할 것들을
한데 모아 새벽의 비탈길로
혹은 거꾸로 자라는 뿌리에게로
태워 올린다

오이에 고춧가루를 뿌릴지
참기름에 버무릴지 고민하는 시간에
홰 위에서 아이가 운다

언제 거길 또 올라갔어
거긴 새가 우는 자리라니까

새가 몇번 울고
아이가 몇번 따라 울면
넝쿨 아래로 타다 만 나뭇잎이
서로를 헤집고 있다

썩기 전에 재가 되라고 하다가
재가 되기 전에 살아 있으라고 하다가
살아 있기 전에 떨어지라고 한다

아이에게 이제 그만 내려오라고
오이 냄새가 밴 손을 내민다

아직 떨어지지 않은 아이가
여전히 홰 위에 서 있다

식탁에 앉아
참기름에 버무린 오이를 오도독 씹고
고소하다고 말하고

켜지 않는 향초를 장식품 삼아
그 아래에 반만 탄 나뭇잎들을 모아둔다

불은 없는데 뜨겁고
새가 아침을 말할 때
몰래 그 뒤에 숨어 같이 입을 벌린다

진입금지

 직진 길 없음 우회하시오 팻말을 따라 걸었다 언제부터 걸었는지 헤아려지지 않았다 걷다가 돌이 있으면 주웠다 금세 던져버렸다 이쪽으로 가면 군부대가 나와 오래전 죽은 형이 말했다 그래 그때도 이 길을 걸었지 어른들은 뱀술을 담갔다고 했다 먼지바람이 날리는 마당에 서서 그것을 벌컥벌컥 들이켜는 입을 보다가 목을 지나서 아래로 더 아래로 내려가는 뱀을 봤다 거짓말 아냐 형은 웃었다 너 굉장히 명랑만화에 나올 것 같네 총성이 울리는 만화에도 명랑이 있다면 뱀 잡으라고 했다 뱀이 사람을 잡았다고 했나 혀가 딱딱하게 굳은 형이 아무 맛도 안 난다고 말을 흘리는 동안 도망은 가장 빨리 낮으로 향하는 길이었다 밤이 낮이 되는 건 쉬워 낮 속에 밤이 있고 밤 속에 낮이 있다고 하는 것도 쉬울까? 물 안에 뱀이 있었다 뱀 안에는 형이 있었고 형 안에는 죽은 나무가 있었는데 나무는 뿌리부터 썩고 있었다 먼지바람이 눈이라고 착각할 만큼 펄펄 휘날렸다 사람을 덮었다 멀리서 뻣뻣하게 굳은 공들이 굴러왔다 잉걸도 없이 재만이 가지런하게… 길이 없다 계곡의 물살이 차오르고 형은 잠들지 말라고 했다 형이 어디 있지? 물가엔 쇠살모사만 둥글게 누워서 사람은 거들떠도 안 본 채로 잠을 자고 있었다 태평

하다 얼큰하게 취한 것도 같다 던진 돌은 구르지 않고 그 자리에 우뚝 섰다 총성 다음에 비명이 없다고 형 아닌 내가 말했다

Farewell

나는 너의 등을 두드릴 줄 안다

내일은 낙뢰가 떨어질 거라고 했지
너는 나무 아래 묻어둔 시간이 사라지는 동안에도 태평하다 우리가 함께 흙을 파고 머리를 조아리며 덮어둔 기억들이 어디로 가는지 궁금하지 않아?
너는 골똘히 염소라고 말한다

그날 곰의 탈을 쓰고 걸어가는 사람을 봤지
굴에 몸을 깊숙이 숙이고 곧 사라질 것 같던 사람을 지나치면서 몰래 숨죽였던 일을 떠올린다
썩은 나뭇가지를 붙들고 있는 것 같아
언제 사라질지 모르는 어둠을 한가닥씩 부여잡고 내려오자
나는 너에게 그렇게 말했고
너는 나무 아래 흙을 한번 더 덮으며 잘 묻어두자고 했다

검은 구름을 봤어
개가 계속 짖었어

현관에선 귤이 썩어가고 있었어
대신 병든 것처럼
이리저리 하얀 가루를 옮기면서

나는 귤이 옮기라도 할까봐 현관에서 가장 먼 방에 너를 둔다 곧 낙뢰가 떨어질 거야 하늘이 요동을 칠 거야
너는 말의 결계를 깨뜨리는 사람처럼 의아한 눈동자로 가만하다
이제 그만 잠들었으면 해
벼락이 치든 물이 사람을 잡아가든 반대로 흘러가든
난 그냥 누가 날 재워줬으면 좋겠어
너의 말 속에서 나는 그렇게 할 수 없음을 안다

기다리는 사람이 정말로 올까봐 무섭다
간절히 기다리다가도 마주치면 옴짝달싹 못하게 되리라는 예감이 온 집 안을 떠다니고

내가 너의 등을 두드리면
너는 조용히 일어나서 내 뒤를 졸졸 쫓는 거야 알았지

너는 무감하게 일어나 내가 상한 귤을 버리고 바닥을 닦고 버섯을 볶는 동안 등 뒤에 서 있다

 창밖으로 빛이 번쩍인다
 나무가 반으로 갈라지는 때에도 줄기가 버석하게 말라가는 동안에도 우리는 다른 울음을 듣는 중이다
 나는 그 아래 서서 쓰러지는 벼락을 피하지 않는다

 비로소 떠나간 자리 아래에서 작별한다
 휴일이 끝나가
 너와 나는 지붕으로 돌아간다 한방울씩 떨어뜨리면서

버려진 이름전(展)
상설 전시(이름을 찾을 때까지)

A전시실부터 F전시실까지 내부가 복잡하다 미로라기엔 통로가 많고 자유롭다기엔 출구가 하나뿐이다

행방불명의 아이를 찾는 전단지가 붙어 있는데 유심히 보는 이 없고 모두
날아가는 눈발을 보느라 바쁘다

첫눈이네

모든 것을 그림으로 기록한 화가와 글로 기록한 사관이 주고받은 편지가 발견되었다 아름다운 편지는 '조선의 교환 일기'라는 이름으로 유명해졌다

그대가 없는 궁에도 볕은 듭니다
바래진 것 위가 바래지면 문화가 되겠지요

위 문장은 '가슴 절절한 사랑의 이별'이라는 문구를 달고 퍼져나갔다

이름을 버리고 궁에서 도망친 화가
큐레이터의 손을 거쳐 '버려진 이름전'이 만들어졌다

사관은 매일 화가를 그리워하며 이름을 쓰고
버려진 이름 그 자체가 되고

나는 그 앞에 서서
「모나리자」는 본 적 없지만 마치 본 것 같고
클림트의 「키스」나 미켈란젤로의 「피에타」는 모작만 여러번 보았는데
　생각하다가

의자 앞에 붙은 그림을 보고
이걸 보려고 여기까지 온 거네 말했다
　속으로는 미술에 조예가 깊지 않아서 도통 무슨 그림인지…

이거 그림 아니고 도록 사진 시트지 붙여놓은 건데요
　지나가는 꼬마가 말해주었다

어두운 조명 아래 서 있어서 얼마나 다행인지
하마터면 나도 이름을 버리고
한양 도성 밖 저 멀리 유배를 보내달라고 읍소를 하고 싶어졌을지도 모른다

전시 해설가의 말에 따르면
화가가 이름을 버리고 도망을 친 게 아니라
사관에게 버려진 이름을 선물한 것일 수도 있다고 했다

조선시대의 선물은 이해할 수 없는 시 같다

특별 낭독회 시간
뾰족한 눈물을 흘리며 낭독하는 낭독자
세상에서 가장 먼… 세상에서 가장 가까운…

세상은 왜 똑똑 떨어지는 물소리를 찾아 나서고 목뼈 사이사이로 깊숙이 집어넣는 주삿바늘의 방향을 그려보는 걸까

나는 이 방향은 맞는 방향이다,라는 말을 오래도록 기다렸다

낭독자가
우리의 삶이 불분명할지라도,라고 한 건지
우리의 삶이 불투명할지라도,라고 한 건지
알 수가 없었다

불분명 불투명 어떤 단어를 고르시겠어요?
나는 행방불명 불분명 불투명 중얼거린다

가지런한 의자에 앉아 지나가는 사람들을 본다
도록 아래 적혀 있는 건 사관의 일생도 화가의 일생도 아닌
후원: 다이슨
우리 집 청소기 싹쓸이는 다이슨 청소기보다 흡입력은 약하지만 이름은 더 청소기답구나

전시장 벽 한 면
똑같은 한자로 가득 채워진 종이는

사관이 쓴 화가가 버린 이름이고
사관의 이름은 한줄도 적혀 있지 않았다

그림 속 아직 낡지 않은 기와 마르지 않은 연못 총기 가득한 사관의 얼굴 그 옆에 자라고 있는 이름 모를 꽃 지나가는 대신들 궁녀들 바래지지 않은 문화가 있었고
그림을 그린 화가의 얼굴은 찾아볼 수 없다

F전시실에는 사관이 화가에게 쓴 마지막 편지가 있다
작게 쓰여 있는 유일한 사관의 이름

한 문장을 기억하기 위해 귀퉁이를 접어두고 여러번 손이 베였다

최신세

라는 녹지 않으려고 했다 깨진 그릇은 이어 붙일 수라도 있지 부서진 틈으로 물이 새도 다들 그릇이라고 하는데 밑 빠진 독도 독인데

남의 집에 몰래 들어가서 제집인 양 구는 것이 전생의 특기였고 라는 그것을 기억하지 못했다

과거의 라가 그것을 알고 과거의 라가 그것을 알고 과거의 라가 그것을 알았지만

한줄의 일기도 메모도 없이 얼음은 녹았고 다시 얼음이 되지 않았다

거위가 오리가 되는 다음의 생으로 넘어갈 테니 원하는 것 하나를 챙겨 라는 오래전 주운 물고기를 주머니에 넣는다

더 넓고 깊은 집을 가져야지 한방울씩 녹아 물고기에게 강을 줘야지 물고기는 헤엄을 치고 라는 물 위를 걸어야지

물고기는 커지고 커져서 사람만 해지고 사람만 한 물고기를 더이상 물고기라 부르지 않고 이름을 붙여주었는데

다음 생의 라는 분실물 관리자가 되었다 라가 찾은 가방은 발견하는 족족 잃어버린 사람의 것이 아니었지만 잃어버린 사람은 새로운 가방을 가지고 떠났고

이건 하나의 생의 여러갈래

라가 물 위를 걸을 수 있는 건 사실 그 아래 녹아 사라지기 직전의 라의 어깨가 있어서다

물 아래에서 눈을 뜬 라는 한방울도 남지 않고 사라진 몸을 보았고 물고기의 이름이 기억나지 않았지만 론도라고 불러주었다

두꺼운 책

대하가 말했다
나 개명할 거야

네가 무얼 한다고? 나는 두꺼운 책을 읽다 말고 곤란한 표정으로 대하를 쳐다보았다
어떻게 네가 그럴 수 있어? 어떻게 네가 이름을 바꾼다는 말을 해

이 책은 너무 두껍다
자식과 자식과 자식의 이름이 같고
아비와 아비와 아비를 물려받는 이야기
대하가 대하를 낳고 대하가 대하를 낳고 대하가 대하를 낳았는데…

사산한 아이들이 모여 사는 마을이랬지
저 돌담을 넘으면 너도 귀신이 된다 전염병이 옮듯이 죽은 채로 태어난 아이가 된다 손가락질받으며 살아가는 대하들

네 몸은 점점 불투명해진다

모든 혈관이 내비치는 형태가 아니어서 다행이야 나중에 아주 나중에 너를 떠올리면
　네 눈알 뒤로 보이는 산과 하늘이 아름다웠다고 생각할 테니까

　나는 영원히 살아가지 않을 거야
　환생 같은 거 믿지 않아
　일생 같은 거 남기지 않을 거야

　페이지 넘기지 마
　다음 장에 네가 사라지고 만다 미리 읽은 결말은 아니야 예언이라고 해두자
　이런 마을에 예언가 한명쯤 어색하지 않잖아
　그러니까 사라지고 싶지 않으면 개명하지 않겠다고 약속해
　대하와 대하와 대하 중 네가 제일 좋아

　대하는 말했다
　우린 곧 사라질 거야 투명해지다가 점점 보이지 않다가

점점…

자식과 자식과 자식의 이름이 모두 같은 건 이상하지 사라지니까, 계속해서 기리기 위해, 기억하기 위해서라고 말하지만
우리 모두 우리를 잘못 이해하고 있는 거라면
대하가 대하가 아니게 될 때 이 모든 저주가 사라진다면

두꺼운 책 속에 대하가 있었다
이 책이 끝나려면 아직 여러권이 남았어
투명한 풍경을 내비치는 대하

사라진 대하들을 생각하면서 대하를 본다 대하는 두꺼운 책은 딱 질색이라는 듯이 온 힘을 다해 돌담으로 돌진한다

이제 뭐라고 너를 불러야 하지
네 어깨 아래로 멍이 점점 진해지고 있구나 붉었다가 푸르렀다가 보랏빛이 되었구나

네가 점점 진해지고 있었다

다음 페이지를 넘겼어
이제 등장인물을 헷갈릴 일이 없겠군 대하였지만 대하가 아닌 이들과 앞으로도 대하가 아닐 이들이 눈앞에 펼쳐졌다

이곳은 영원히 자란다

무엇이든 뜰 수 있지, 이런 말을 하다가 들른 소품 가게에서 뜨개 버섯을 마주했다. 똑딱핀 위로 솟아난 빨갛고 둥근 버섯. 지나가는 사람들마다 "귀엽다 정말 귀여워" 이야기하는, 생각보다 단단하고 쉽게 찢어지지 않는 버섯. '독버섯일 수 있으니 먹진 마세요' 경고문이 붙어 있는 버섯. 어떤 이는 집에서 환각 버섯을 재배하다 발각되었다는데, 이 버섯은 뻔뻔하게 판매되기를 기다리고 있다. 사실 내가 뜨개 버섯인 척하는 진짜 독버섯일 줄은 아무도 생각하지 못할 거야. 개나리광대버섯이나 붉은싸리버섯보다도 더 무시무시할 거라고는 상상도 못하겠지. 소품 가게의 주인이 이를 알았다면 '대체 내가 무엇을 떠버린 거지?' 놀랐을 수도 있지만 곧바로 다른 상품을 뜨느라 버섯은 자연스레 잊혔다. 버섯은 그곳에서 오랜 시간 혼자 자랐다. 그러니 내가 그곳에서 버섯을 마주한 것은 우연이 아니었을 것이다. 초록색 수면사로 뜬, 코가 잔뜩 빠진 컵 받침을 오래도록 방치해둔 적 있으니까. 컵 받침은 이끼가 되어 무엇이든 기다리는 중이었다. 간절히도 바라는 중이었다. "나와 함께 아무렇게나 자라자" 이런 말을 건넬 존재를. 아주 깊은 숨을 함께 쉴 누군가를. 나는 버섯에 매겨진 값을 지불하고 집으로 돌아와 마땅히 둘 곳을 둘러보았다. 일단 여기에 두자, 그런 마음으로 이끼가 된 컵 받침 위에 버섯을 올려두었다. 버섯이 이끼에게 이런 말을 하는 것 같았다. "나는 온갖 환각을 만들어내. 그러니 나를 죽게 만들어. 너는 할 수 있잖아" 이끼는 대답 없이 후 하고 계속 숨을 쉬었다. 자랄 수 있도록 했다. 나는 그후로도 뜨개에 도전했고 자주 실패했다. 가끔 손끝에서 버섯이 자라는 환각을 보았는데 꿈인가 했고, 죽지 않는 버섯과 죽지 않는 이끼만이 말을 주고받았다. "저 사람 버섯이 자라는군, 그래" "무럭무럭 자라는군, 그래" "이곳은 영원히 자라는군, 그래"

이전의 목록

나는 자주 버리려고 애쓴다

도시가 탄생하기 전부터 새의 집이었던 하나의 장소를
떠나지 못한 불안으로 철장을 갉아 먹는 새떼를
재빠르게 구르기 위해 장기를 위축시키는 생명체를
그것을 가능하게 하는 모든 세계의 기록을
버리려고 애쓴 흔적과 결국 버리지 못한 나머지를

눈앞에 둔다

돌을 쌓은 굴이 인공 굴이라면 모든 집은 인공일 테지
인공^1 인공^2 인공^{3}으로 불리는 자연을 지난다

유리는 눈을 속여 반짝이거나 반짝이지 않거나
통과하거나 결국 튕겨져 나가는 진실 혹은 사실 속에서
독수리는 죽은 것을 먹기 위해 배를 곯고 있다

자, 이제 무엇을 버려야 합니까

 협곡은 이주의 장소같이 느껴지곤 해
 내가 자주 애쓰는 마음을 가지는 것처럼
 험하고 좁은 골짜기로 흐르려고 안간힘을 쓰는 물줄기를 본다

 소매 아래로 까맣게 탄 손등을 문지르다가
 한겹 덧대어진 햇빛을 벗겨보려고 하다가
 이 모든 게 유리의 감쪽같은 눈속임이라는 걸 안다

 맑고 깨끗하지
 악의도 없이

 인간이 도망치기 위해 유리벽을 넘어야 한다면
 부수거나 인공[4] 인공[5]의 힘을 빌린다
 검정앵무는 쉽게 무너져 내리는 세계의 장벽을 본다
 부리로 제 심장을 쪼아 먹는 버릇은 언제부터

 부서진 유리를 삼키다가는 다시
 또 언제까지

왜

나무 아래 태반을 묻었으니
그것은 분신 그것은 동화 그것은 전설 그것은 무럭무럭
그것은 나무 자체 그것은 성 그것은 자연 그것은 이름
나무에게 이름을 지어준다
나무는 대답이 없고

산란광을 받고 자란 나무와
눈을 잃은 앵무가 사이좋게 살아가는
이야기가 아름다워 보여?

흙을 파내고 굴뚝을 심어
내가 버리려는 것은 굴뚝을 타고 내려간다
더 내려갈 곳 없는 곳으로

파묻는다

굴뚝은 원래 나가게 하려고 만든 거 몰라

새로 태어난 철새는 떠나지 않고
유리를 먹으며 산다

깨끗하게 드러내고 싶은 공해의 잔가지를
불태우며 떨어지는 썩지 않는 재를
손바닥에 박힌 미세한 유리 조각을

나는 자꾸 위험한 것을 길바닥에 버리고 간다

거북이는 도착한다

거북이를 잃어버렸다

거북이는 무엇을 상징합니까
베케트의 고도 같은 건가요?
아니요 진짜 거북이요
작고 단단한

쓰다듬으면 부자가 되게 해주는
황금 거북이 그런 겁니까
거북이라고요 거북이
물에서 살고 가끔 숨을 쉬러 올라오는

지금쯤
거북이에게는 물이 필요할 텐데

죽진 않았을 거예요
이런 말은 죽지도 않는다

가위에 눌리면

자기 자신보단
세상을 뒤집어버리는 편이 낫습니다

이런 말을 해준 사람이 맡기고 간
영리하고 사려 깊은
거북이

뜨겁게 데운 물주머니를
이불 깊숙한 곳에 밀어 넣고
무섭지 않은 미래를 상상해본다

집을 깨끗이 비운 동안에
사라진 거북이가 따뜻한 곳을 찾아
돌아올 수 있을까요
혹시 제 발로 떠난 게 아닐까요

한밤중 거북이는
깊은 잠에 빠진 나를 지나쳐 간다

작은 손으로 나를 놓고
아주 놓아버리고

세상을 거꾸로 뒤집기 위해
더 어두운 쪽으로 고개를 내민다

침착하게
환한 빛을 등지고 간다

wave

어둠 속에 사람이 몇 있었다
모두 숨죽인 채였으므로 깨진 해변을 피해 걸었다

바다에 빠진 잠수부를 구하기 위해
잠수부가 바다에 뛰어들었다

누가 먼저 바닥과 가까워졌는지
알아차리기까지 오랜 시간이 걸렸다

첨벙 다음은 파도
더 거세졌을까

돌멩이 하나가 먼발치에서 무거웠다

물길

네가 그때 떠나자고 했던 모험 말이야 그 모험은 이미 시작되었다
 핫팩을 발에 덕지덕지 붙였지
 왼쪽 네번째 발가락을 잘랐을 때 그때의 푸르뎅뎅함이 아직도
 산책 중이던 오소리의 꼬리에 묻어 있다

우리는 걸어 올라갈 거야 물을 길어 올리는 사람들이 모여 사는 곳으로 스스로 뜨거워지는 물을 만나러 그곳의 주민들은 물을 섬기고 물에게 기도하고 물 때문에 살고 물 때문에 죽지
 태어날 때 말이야 간호사가 가족들에게 나를 보여주며 말했대 손가락 열개 발가락 열개요 쌩하니 사라지는 나를 보며 가족들은 생각했어 너무 작다

너무 작은 것쯤은 내줘도 되지 않을까
 가방이 무거워서 가지고 올라갈 수가 없어
 우리는 가장 작은 것부터 바닥에 내려놓기 시작했다 맥가이버 칼 삼년 전에 주고받은 책갈피 저녁에 먹어야 하는 부

정맥약 엄지손톱 왼쪽 유방… 그곳에 가서 물에게 기도하면 돼 물을 마시고 물로 씻고 물을 떠받들고 빌고 또 빌면서

 방금 숨이 좀 잘 쉬어진 것 같아 우리는 해발고도 칠백 미터를 지나면서 이런 대화를 나눴다 인체에 가장 적합한 기압 상태를 유지해 생체리듬에 좋다더라 하는 것들
 물이 뭐라고 이렇게까지 해야 돼?라고 말하기엔 너무 많은 것을 버려서 입을 다물었다

 저기 우리 물을 좀 섬기러 왔습니다
 거 따 주서 오네겨

 우리는 그들이 구사하는 사투리를 반은 알아듣고 반은 알아듣지 못했지만 대화를 했고 밥을 먹었고 물을 마주했는데

 오소리 말이야 죽은 시늉을 잘한다더라

 나는 물 앞에 서서
 버린 것 중에 가장 무거운 것을 생각했다

폭풍우

  방 안에 앉아 창이 깨지는 것을 지켜보았다 단 한번의 바람으로도 충분했다 발바닥에 박힌 유리 조각은 작아서 보이지 않았다 발바닥이 베인 줄도 모르고

  신발을 어디서 더 많이 잃었을까 짐작해보았다

  우리는 이제 갈라진 모습을 갖게 되었는지도 몰라 파묻은 고개를 드니 모두가 비에 젖어 있었고 발바닥이 아프기 시작했다

  대문 앞에 눈이 쌓여도 그 누구도 쓸지 않는 골목길과
  간신히 우연으로 살아가는 사람들이 있었고

  밤은 새벽을 꼼짝 않고 삼킨다 귀신을 믿지 않지만 가위에 눌렸다
  하늘은 곧이곧대로 솟았다 나무도 이를 뒤따랐다

  떠나간 사람들은 어디로 갔을까
  깨진 창 거센 바람이 사람을 밀어냈다

미처 떠나지 못한 몇몇만이 손을 붙잡고 하루를 견디고 있었다

유리 조각을 다 빼자
둥글게 앉은 사람들이 말했다

곧 창밖으로 나가야 한다 그럴 때가 되었다

제 2 부

불꽃놀이

 길을 잃지 않으려고 등을 단단히 묶는다 산불이 났을 때 거기 있었지? 숨을 들이마시고 내쉬고 들이마시고 내쉬고 아무리 파내도 잿더미가 된 흙뿐이고 눈물은 내 의지가 아니다

 반쯤 불타 없어진 신발 끈을 다시 묶느라 여러번 무릎을 꿇는다 얼굴은 뜨겁고 등은 차갑다

 손목을 잡히면 손목을 잘라버리자 방울 푸는 아기씨 제주 신화를 자주 들여다본다 나무 위에서 떨어지지 않으려고 바들바들 떨고 있었잖아

 쉽다고 한 건 다 거짓말이지 눈 하나 깜짝 안 하네 입에 침이라도 발라라 이런 말들을 듣다보면 다 사라진 나무 밑동을 본 것 같다

 연기를 너무 많이 들이마셨다 산불을 끄려면 맞불을 놓아라 누구의 방화도 잘못 떨어진 불씨도 아니었는데 이해할 수 없지 살아 돌아온 사람에게 불의 행방을 묻는다는 게

맨홀 구멍에 빠진 아이 위로 곱절은 큰 어른들이 지나가 오른손이 잘린 오른손잡이의 방향감각을 믿으며

뛰어내리면 호수에 가까워졌다가 멀어진다 배를 잡으려고 손을 뻗는다 코 주위에 퍼진 그을음은 계속 공중에 떠 있다 반짝이는 호수 아래로 아무도 없다

구멍

 옷 가게에 들어갔다 내가 찾는 옷이 없었어 비슷한 옷들만 줄지어 있었다 그중 하나를 집어 들고 피팅룸에 들어가 갈아입었다 허리는 크고 허벅지는 딱 맞았고 너는 빛바랜 하늘색 같다고 했다 하늘은 빛바랠 수 없고 하늘을 왜 하늘색이라고 부를까 다시는 입고 다니지 않을 것 같은 바지를 사 들고 집에 왔다 바지에 맞는 벨트를 찾자 흰색과 남색이 지그재그로 꼬여 있는 벨트를 집어 단단히 바지춤을 묶고 거울 앞에 섰다 어두운 밤하늘에 떠 있는 구름 같다 눈이 침침한 건지 거울이 더러운 건지 눈곱을 떼고 물티슈를 뽑아 거울을 청소하기 시작했다 언제 튀었는지 모르는 스킨 자국과 머리를 말릴 때 붙은 머리카락 허 입김을 불고 마른 수건으로 다시 닦기 시작했는데 그걸 한숨으로 들은 너는 거실에서 왜 한숨을 쉬냐고 한다 그러자 정말 한숨이 나오기 시작했고 땅이 꺼질 듯이 한숨을 쉬다가 며칠 전 생긴 싱크홀에서 몇명이 죽었더라? 그날 나는 너를 위해 먹지도 않는 와인을 사 들고 집으로 가고 있었다 카사로호 양조장의 에네미고 미오 와인 멧돼지가 자주 출몰해서 지은 이름이라고 셀러가 말해주었지 그래 그건 마치 빛바랜 하늘 같았고 구급차를 위해 차를 비켜주었다 그때 나는 여름 바지를 장만 해야겠다고 생각했지 그래 오늘 그 와인을 따자 포도밭에 내려와 몰래 포도를 훔쳐 먹는 멧돼지 얘기를 해주고 새로 산 바지를 입어보고 잠시 싱크홀에서 죽은 이들을 위한 기도를 하고 구조된 사람들의 인터뷰를 같이 보았다 하늘만 쳐다보고 있었어요 그 하늘은 노을빛 지저분하게 뜯어진 코르크 마개 헤집어진 구멍 너는 뭘 그렇게 쳐다보냐고 묻는다

올나이트 스탠드 쇼

너무 오래 누워 있었다
긴 시간을 한자리에 있다보면 방금 떠난 버스는 77번 오래 머물렀다가 가는 버스는 9번 멈추지 않고 지나가기도 하는 버스는 31번

알게 된다

팔을 내려다보면
모기 물린 자국이 점점 부풀어 오르고
창밖의 밝은 조명으로 모여드는 나방은 곧
새로운 나방으로 다시 태어나
나방이 된다

지옥에는 스탠딩 코미디를 하는 벌이 있었지
관객 앞에서 몇십시간이고 말을 해도 아무도 웃지 않는 무대였어
매일매일 새로운 이야깃거리를 찾아야 했네
이게 원래 살던 삶과 무엇이 다르냔 말이야

더이상 웃긴 이야기라는 건 존재하지 않았고 난 말했지
당신들은 모두 죽은 모기와 죽은 나방이오
이곳에서 나의 재미없는 스탠딩 코미디를 듣는 것이 당신들의 벌이오
그때 그들은 처음으로 웃었지

산모기는 독해 올해 나방은 끈질겨
첫번째 생은 어두워 두번째 생이란 게 있긴 한 건가?

지옥에선 모두 죄를 끝내기 위해 웃음을 만든다
죽음 이후의 상태는 운석 밑에 깔린 책 같은 것 그리고
다시 태어남
─자, 처음부터 다시 해보자

저 멀리 들려오는 재즈 소리에 떠날 때가 되었다는 걸 안다
죽기 전 묵은똥을 다 싸고 간다 부질없는 것에 천착했던 아주 검은 것들을
떠날 곳에 대한 생각을 멈출 길이 없다면
시시한 스탠딩 코미디의 한 장면을 떠올려보시길

갈 때가 되어서야 피식 웃게 될지도 모를 일

그런 웃음으로 난 죄를 씻고
마지막으로 힘껏 일어나

저의 스탠딩 코미디를 찾아주셔서
감사할까요?
그다지 감사하진 않지만 기쁘게 지껄여보겠습니다
오, 앞자리 웅덩이씨는
차에 치였는지 머리가 찰박찰박하군요
마지막으로 들어온 노란 커튼은
어찌 그리 휘감겨 있는지
단단한 매듭을 풀 수가 없습니다
위스키 한잔씩들 하세요
이 지루한 이야기를 내내 들어야 하니까요

누군가를 죽여본 것들과
죽어본 것들이 모여 앉아 있네!

종점으로 향하는 버스가 지나간다 오늘 77번 막차에는 아무도 타지 않았다 곧 무언가 터져 나올 듯 벌겋게 부은 팔을 손바닥으로 여러번 내리칠 때
   다시 태어난다

   팔 한번만 더 긁을걸 하는 사이에
   무대 위
   지옥은 웃겨야 하고
   그래야 지옥이다

공원의 모양

운동을 좀 해야겠어
무작정 걸어간 공원의 트랙은
동그라미
모든 길이 이어져 있어
이곳을 걷는 동안
원 안의 사람을 전부 만날 수 있다

당신은 뱅글뱅글 돌며 운다
네가 내 돈 다 떼어먹었잖아
남편이 바람을 피웠어
내가 빨리 죽기를 바라잖아
너에게 난 부끄러운,
한없이 부끄러운 사람이잖아

공원은 어디론가 가려는 사람들을
한데 모아둔다
벗어나지 않는 서로를 보며
나뿐만이 아니라는 안심
할 수 있을까?

끝을 알 수 없는 트랙의 끝을 상상하고
서로의 목소리를 끝끝내 모르는 척하면서

다 들려도 아무것도 안 들리는 것처럼
몸으로 그리는 동그라미
둥근 이해의 끝
끝의 헐떡거림
숨이 턱끝까지 차도록 뛰고 나면 나오는
거친 숨은 나의 것이 아니게 느껴질 만큼
크고 뚜렷하다

몇바퀴를 뛰었더라
엉엉 울던 여자가 이제는 웃고 있다
온통 눈물 자국인 얼굴 위로 쩍쩍
갈라지는 슬픔 위로

정해진 길이 없는데
약속처럼 한 방향으로만 뛴다
이곳에서라도 탈락되어 있는 것 같은

오늘을 벗어나고 싶지 않은
내일을 묶어두고 싶어

동그라미
사실 이리저리 샛길이 가득한
저쪽으로 가면 지압길
저쪽으로 가면 셔틀콕
저쪽으로 가면 왜가리

그때 거꾸로 달려오는 작은 아이를 위해
구석으로 몸을 비킨다
공원의 모두가 그렇게 한다

아이를 따라 뒤를 돈다
오직 그렇게 해본다

굿것

거실의 조명은 완전히 꺼지지 않는다 언제나 희미하게 빛나며 잠을 방해하곤 하는데 검은 천으로 덮어두어도 작은 틈을 비집고 나와 자리를 꿰차고 앉는다
  들러붙었군
  무엇이
  일어나는 것
  죽지 않으려는 마음
  그런 것이…

식물이 자라기도 전에 뿌리부터 썩는다 피가 제대로 흐르지 않고 잠시 고였다가 간다 옆집에서 들리는 찬송가 뒷산에서 내려오는 짐승 집 앞에 사는 까마귀 한쌍 울음소리
  탓할 거니?
  구석진 자리에 고요히 서 있는
  말도 걸지 않고 그저
  희미하게
  옮겨 붙은 영혼을

추위를 많이 탔던 너에게 편지를 쓴다 등이 따뜻하고 언

발이 녹는 그런 날에
  펄펄 끓는 겨울도 있대
  이렇게 시작하는

  고개를 들어 하늘을 보면
  숨을 들이마시게 된다

  숨과 숨과 숨과 숨과 숨
  내뱉고
  내뱉지 못하는
  오스스한 팔과 다리
  모서리와 모서리
  그 사이를 잇는
  어쩌면
  집을 지탱해주고 있을지도 모르는
  곳으로
  입을 뻥긋거려본다

  있어줬으면 하는 거

그렇게 상상만 해보는 거

희고 멀겋다
무엇이
죽지 않는 마음이
그런 것이

지은 지 며칠 된 밥을 먹는다
딱딱해진 밥알을 솎아내면서
무엇인가 퉤, 뱉으면서

종점과 건축가와 언덕

 종점까지 혼자 가면 죽는다는 괴담을 들었다. 터널을 지날 때는 숨을 참아야 한다. 얼굴이 반만 뜨거운 건 왼쪽에 앉아서지. 창밖을 본다. 샛길로 빠지고 말 테다. 아무도 모르는 길로 들어가버릴 테다. 이런 생각을 하다보면 모두가 타고 모두가 내린다. 급정거를 하면 가방에 들어 있는 계란이 깨진다. 창밖으로 산책하는 사람의 노란 머리칼을 보며 계란을 깨 먹어야지. 종점의 사람들은 오른손잡이다. 종점의 사람들은 왼손잡이다. 나는 왼손의 종점이다. 산을 깎아 집을 지었다. 비탈길에 지은 집도 평평하구나. 나는 건축가를 존경하게 되었다. 언덕을 오르는 버스가 없다. 배차간격은 오른손으로 향하는 바람만큼 있다. 종점에 내려 양고기 레스토랑을 지나 20인분 한정 판매 라자냐 집을 지나 두배 가격으로 빵을 팔아도 장사가 잘되는 빵집을 지난다. 집 뒤가 산인 건 똑같다. 내려다보이는 산과 올려다보는 산. 내가 쌓은 집은 성냥을 하나 빼먹었다. 성냥 하나를 옮겨 집을 나무로 바꾸시오. 멘사 문제라고 했다. 나는 머리를 싸매고 몇날 며칠 문제를 풀다가 종점에서 종점으로 간다. 언덕이 없는 곳에 집을 지은 건축가는 존경하지 않아. 미끄러져 내려가는 마음을 겪어봐야지. 너무 멀다고 말한다. 종점은 다시 종점으로. 되돌아가는 버스는 과속방지턱에서 휘청거리고 성냥을 어디로 옮겼을까. 빽빽해진 골목과 화를 내는 사람들 사이에서 성냥 한갑이 다 불탈 때까지 걷는다. 나는 언덕을 올라가본다.

우리가 잠깐 죽었을 때

 우리는 장지에 묻은 커다란 뼈를 생각하며 언성을 높이곤 했지 땅 아래 묻혀 있을 어깨뼈 옆으로 몸을 나란히 맞춰보기도 하면서 얼굴 바깥으로 사라지려는 한낮을 붙잡아보려고도 했다 너와 내가 살고 있는 이곳이 모든 공룡들의 무덤이라면 나는 이름 모를 커다란 뼈 위에 독채를 지어 살고 있는 거겠지 우리는 그 집에서 잠을 자고 아침에 일어나 우리로서의 집을 가진다 목적 없이 걷기도 하면서 가끔 우리는 삶에 너무 가까운 것 같다고 말했지 너는 영원히 이 집에 살기 위해서는 우리의 죽음까지 이곳에 묻을 줄 알아야 한다고 했어 우리는 손을 잡고 임종 체험을 하러 간다 한 사람씩 영정 사진을 찍기 위해 카메라 앞에 선다 적당한 미소를 지을 줄 알아야 한다는 게 죽기 직전까지도 유효한 말이었구나 우리는 서로의 얼굴을 보며 미소를 연습한다 인화된 사진에서 웃고 있는 우리는 마치 우리가 아니듯 우리이군 어색하게 사진을 쓰다듬으며 유서를 썼어 내가 죽으면 김광석의 「두 바퀴로 가는 자동차」와 김만준의 「모모」를 틀어줘 너는 나의 유서를 읽으며 노래를 따라 부른다 수의는 빳빳하니 여름에 입기 좋겠어 우리는 곧 죽을 거니까 잠시 얼굴을 마주한다 관에 들어갈 차례 너와 나는 십분간 죽을 것이고 죽음 이후에 우리의 독채로 돌아가 다시 살아가겠지 변했을 수도 변하지 않았을 수도 있을 테니 나는 뭉툭한 뼈를 끌어안고 dinosaur는 끔찍한 파충류라는 뜻이래 그렇다면 우리는 끔찍한⋯ 무엇일까 우리의 집 위로 애드벌룬 떠 있다면 곧 터질 것이다 너와 내가 잠깐 죽었던 어떤 하루를 위해

돌 수집가가 문을 두드렸고

흰 돌과 점박이 돌 중에 무엇이 더 먹음직스러워 보이세요?

저는 돌 씹어 먹는 아이*예요 아이는 내 옆에 앉아 돌을 물고 빨았다 시간이 멈춘다 침이 흐르는 대로 돌이 깎이고 적을 수 없는 낙서로 지키지 못한 다짐으로 종잡을 수 없는 빨아젖힘으로 시간이 멈춘다 아이는 아랑곳하지 않고 얼마 남지 않은 돌을 쪼개 먹는다

시간을 멈추게 되었을 때
쓰기를 그만두고 수집을 했다
장면들
전구를 부수는 빛
잠을 구부리는 밤
오랜 항해를 마친 뱃사람
움직이지 않아서 하는 멀미
땅아
왜 흔들리지 않느냐
괴롭다
가만히 있지 말라

출렁거려보라
시간이 멈춘다
뱃사람을 잡고 흔든다
시간이 흐른다
길게
토한다

더이상 수집할 장면이 없다… 아이가 문을 두드렸다 저는 돌을 수집해요 저는 돌을 씹어 먹어요 난 널 초대한 적 없는데 시간이 멈춘다 아이가 문을 열고 신발을 벗고 실례합니다 꾸벅 인사를 하고 거실 한복판에 가 앉는다 시간이 멈춘다 이 세계에서 나와 아이만이 오래 산다 빨리 늙는다 영영 멈춤 속에 살 수도 있다 곤두박질 시간이 흐른다

이 돌은 달고
이 돌은 쓴데
적당히 달고 적당히 쓴
그런 돌은 어디에도 없고
아이 곁에 나란히 앉아

장면을 보여준다

집 한채를 통째로 날릴 불길에서

시간이 멈춘다

한 사람 두 사람 끌고 나오다가

뜨겁지 않은

거대한 불에

손을 집어넣는다

탄다

편두통처럼

깨끗한 뇌 CT처럼

아직도 시간이 멈추는 것 같으세요?

시간이 멈춘다

아이가 말한다

불에 탄 돌도 특유의 맛이 있죠

특유의

그런 말은 어디서 배웠니?

시간을 멈춘다

아이가 멈춘 시간 사이에서 훌쩍 큰다

혼자 돌을 먹으며

헤아린다

  장면을 수집하는 대신 이제 다시 쓴다 멈춘 시간 속에서 아이와 나는 백오십살이 되었기에 시간이 흐른다 비껴 들어오는 해가 자리를 바꿔 앉는 걸 본다 주머니에 들어 있던 며칠 전 주웠던 낙엽을 씹어 먹는다 이거 제법 맛이 있구나 제철 음식이구나 아이는 돌을 줍고 나는 낙엽을 줍는다 아이가 나에게 먹을 수 있다 알려줬으므로 장롱 속에서 언젠가 주운 돌을 찾아 건넨다 아이가 웃는다 시간이 흐른다 더이상 멈추지 않는 시간 속에서 묻는다

  "언제 씹어 먹을 거니?"
  시간이 흐른다
  (…)
  "전 사실 핥아 먹는 걸 더 좋아해요."

* 송미경 「돌 씹어 먹는 아이」, 『돌 씹어 먹는 아이』, 문학동네 2014.

오리는 혼자서 잘 자랐다

 생일 선물로 받은 알은 품에 안았을 때 밑으로 쏟아질까 걱정이 될 만큼 크고 무거웠다 아직 태어나지도 않은 알의 엉덩이를 받쳐 들고 조심히 다루었다 타조 알인가요? 내가 묻자 이모는 고개를 저었다 타조는 이것보다 훨씬 작지 이건 오리 알이야 오리가 태어나면 노래를 가르쳐주어야 한단다 나는 타조 알의 네배가 되는 오리 알의 존재보다 노래를 가르쳐주어야 한다는 사실이 더 경악스럽고 부담이 되었다 이모는 믿었다 내가 노래를 가르칠 수 있다고 갓 알을 깨고 나온 오리에게 멋진 노래를 불러줄 수 있으리라고 오리 알을 방에 두고 정성 들여 기다렸다 품에 안을 필요 없어 오리는 알아서 잘 자란다고 했다 노란 털이 흰 털이 되고 부리가 우악스럽게 커질 때까지 스스로 자라는 게 오리라고 했다 나는 노란 털을 가진 아기 오리가 보고 싶었지만 그런 일은 일어나지 않았다 알 속의 오리가 꽥 꽥 꾁 꺽 소리를 낼 줄 알게 되는 동안 나는 점점 더 오리가 태어나는 것을 부정하고 싶어졌다 한의원에 가 목에 침을 맞았다 노래를 잘 부르게 되는 침이 맞지요? 한의사는 성대에 노래 혈 자리가 있으니 그곳을 뚫어주겠노라 긴 침을 들고 눈을 깜빡였다 한의원 침대에 누워 잠이 들기 여러번이었고 서비스로 뜸까지 놓고 나왔는데도 노래 실력은 엉망이었다 꾁 꿰에엑 꿞 아무래도 오늘 태어날 것 같구나 그때 커다란 알에 금이 가기 시작했다 다 큰 날개를 퍼드덕거리는 까만 눈의 오리가 알을 깨고 있었다 안 되겠어 나 도망가야겠어 방문을 열고 나가려는데 오리가 날아올라 나의 품에 들어와 말했다 노래를 가르쳐주세요 나는 하는 수없이 이모의 눈치를 보며 노래를 불렀다 고요한 밤 거룩한 밤 어둠에 묻힌 밤 진실로 이 노래를 부를 생각은 없었다 이모는 나의 노래 실력에 놀라 입을 틀어막은 채였고 오리는 곧장 노래를 따라 부르기 시작했다 오리는 자작곡이라고 해도 될 정도의 편곡 실력으로 크게 한곡조 뽑았다 오리는… 음치였다 나는 그제야 노래 혈자리를 말하던 한의사의 눈이 쉼 없이 깜빡이던 이유가 거짓말을 하고 있기 때문이라는 걸 알아차렸지만 이건 중요한 것이 아니고 나와 오리 모두 음치라는 사실만이 중요했으며 이것만이 나를 안도하게 만들었다 다 큰 오리야 너 뜸 놓는 거 좋아하니? 오리와 나는 돌팔이 한의사 앞에 나란히 누워 뜸을 놓으며 꾁 꿱 끽 꽉 수다를 떨었다 노래는 절대 부르지 않았다 왜냐하면 오리와 나는 노래 부르기를 싫어하기 때문이었다

공원으로의 복원

공원 공사가 시작되었다
자갈돌을 차례로 걷어낸다

누군가는 이 작업이 복원을 위한 것이라고 했다 무엇으로의 회복인지는 알 수 없고 다만 원래대로 돌려놓는 일을 기쁘게 여기라고도 했다

모든 속셈은 밤으로 향하고
트랙을 돌던 이는 경로를 이탈한다

공원에는 토끼 한마리 다람쥐 한마리 한쌍이 아닌 한마리씩 살았고 죽으면 새로운 한마리가 복원되었다

공원의 방명록은 양측마비의 시간을 붙잡고
밤마다 짖는 개의 울음을 기록했다

두그루의 나무가 뿌리를 잃었지만 세 사람이 와서 땅을 파고 묘목을 심고 다시 땅을 다졌다 이 나무는 무슨 나무예요? 몰라

그냥 심는 거라고 했다

나무에게 공원은 새로 산 신발 같다
자랄 곳 없이 꽉 막혀버렸잖아

다람쥐가 들판의 풀을 뜯어 먹고
토끼가 나무에 올라 몸을 숨겼다
서로에게 배울 것이 그것뿐이었고

녹슨 철골의 가지가 뻗고 있었다

밤의 공원에서 무엇인가 짖는 소리가 났다
개 짖는 소리는 아니었다

옥수수를 가진 사람

 구치소 면회를 하고 나와 걷다가 옥수수 찌는 남자를 보았다. 파는 건지 먹으려고 찌는 건지 모를 모습으로 남자는 옥수수에 전념이었다. 몇개에 얼마라는 팻말도 없이 찜기 속 옥수수는 노랗고 뽀얗게 익어 김을 길어 올리고 있었다. 저 옥수수 어디에서부터 시작되었을까. 남자보다 옥수수의 행로를 더 궁금해할 때, 점점 옥수수가 먹고 싶다 생각이 들었을 때, 남자는 무심히 삼천원만 달라며 손을 내밀었다. 파는 거구나. 간식 몇가지를 사식으로 넣어주고 남은 돈으로 옥수수를 사서 걸었다. 옥수수를 한알씩 앞니로 긁어 먹었다, 뜯어 먹었다, 감칠맛이 나도록, 어쩐지 눈물의 짠맛이 나는 것도 같도록. 어릴 적 옥수수를 알알이 입에 넣어주던 사람은 이제 옥 속에 있다. 그렇구나, 그렇게 되었구나. 한해살이식물을 입안 가득 씹어 먹으면서 여름을 나려면 무엇을 해야 할까 생각했다. 자주 듣던 말은 불쑥 자라는 것 혹은 질긴 것. 옥수수를 먹여주던 사람은 사랑하는 만큼 화를 내던 사람. 화가 사랑이 된다는 듯이, 옥수수의 방식으로 알알이 모든 것을 터뜨리던 사람. 잠을 자고 일어나서는 언제 소리를 질렀냐는 얼굴로 옥수수를 입에 넣어주던 사람. 두꺼운 유리 너머의 목소리는 얼마나 많은 사각으로 흩어지는가.

손에 쥐어져 있는 텅 빈 옥수수 속대는 무엇이 될까. 활활 타오르는 옥수수밭에 서서 끝없이 출구를 찾으려고 할까. 안경을 벗기고 뺨을 때리던 사랑의 손을 놓고 불을 질렀다. 어디로부터 벗어나고 있는가. 낱낱이 흩어지는 몸을 붙잡지 않는다. 단단히 뭉쳐지는 것보다 가벼이 퍼져나가는 일. 알이 다 빠져나간 옥수수 속대를 만지듯이 손목을 쥐고 걸었다. 그것은 아마 멋진 뼈를 가지고 있을 것이다.

김치 스마일 똠얌꿍

 모르는 사람이랑 밥을 먹었어 처음 먹어본 똠얌꿍은 아주 시어버린 김치를 넣고 푹 끓인 찌개 같았다

 그때도 난 잃어버린 지갑 생각을 했다 산사태로 무너진 펜션 생각을 했고 지붕이 뚫릴 듯이 퍼덕퍼덕 쏟아지던 우박을 생각했지 호수가 보이는 펜션은 사실 저수지가 보이는 펜션이었는데 사람이 죽을 만큼 우박이 내리는 건 변함없었다

 이런 사태를 생각해본 적은 없는데
 함께 갔던 박물관에서 이런 장면은 본 적 있는 것 같다
 흙길 아래로 빠지고야 마는 다리를 붙잡느라 모두 정신이 없었지 "다들 정신을 똑바로 차려야 합니다!" 누군가 소리를 질렀다

 아직도 그때 생각을 하세요?
 똠얌꿍을 한입 떠먹고 솜땀을 씹다가 아무 맛도 안 나는 그린파파야를 채 써는 주방장 생각을 했다 우두커니 내 앞에 앉아 넋을 놓았던 키가 작은…

그 지갑 처음으로 산 명품 지갑이었는데 말이죠
실은 지금 태국 음식 처음 먹어봐요

맨바닥에도 파도가 쳐 양말도 젖고 팬티도 젖고 온몸이 젖도록 사람을 꺼내 올려야 한다고 했지 가장 가까운 수장고는 어디에 있을까 이 모든 것을 한데 모아 보관하고 싶었다

매일 새로운 사람을 찾아 떠나는 거야
자꾸만 처음에 매료되고 마는 거야
잃어버린 게 너무 많아서

선뜻 다정을 말하기 어려워 어느 시대에서 금지되었던 노래를 듣고 쩌렁쩌렁 불러도 본다 쩌렁쩌렁 불러도 본다 쩌렁쩌렁 불러도 본다

수장고가 아주 멀리 있다 직원은 수장고 정리를 하다가 여기 이런 게 있었나? 여기 이런 게 있었지 처음 본 것처럼 흙바닥에 저수지에 몸을 처박은 것들
것들이

여전히 왜 물을 꿀떡꿀떡 삼키고 있는지

잃어버린 지갑을 찾으려고요?
만삼천년 정도 지난 뒤에 박물관에 있을지도 모르는 지갑이라고 생각하니 웃음이 났다 살아 돌아왔다고 사람들은 웃어보라고 했지 고개를 끄덕이며 웃었다 왜 웃었지?

녹나무 아래 혀 내밀고 있는 것은

집 앞에 크게 자란 녹나무 하나 있다 개구리는 언제 튀어오를지 모르는 채로 가만히 앉아서 단단한 잎을 보고 있다

울고 싶을 때 우는 게 아니고 갑자기 울게 됩니다

배송되지 않은 양초를 기다린다
불에 타 없어질 촛농의 뜨거움을 미리 불어보면서

엄지손가락이 화상을 입을지도 모르지

이 돌에서 저 돌로 뛰어다니는 개구리를 뒤쫓다 물에 빠지는 상상 우스운 꼴로 젖어 있고 싶다 원래 그런 것처럼

녹나무에서 떨어진 장뇌를 입에 갖다 대어본다
천천히 쓰고 시원하다

뜨거운 걸 알면서도 굳이 만져보는 건 왜일까 순식간에 부풀어 오르는 숨구멍을 터뜨리는 건 왜일까

무더위가 와도 따뜻한 이불 덮고 자자 비에 젖으면 다 씻어내자 하듯이

돌을 던진다

녹나무에서 떨어지는 것은 나의 부끄러움
양초는 집을 찾지 못하고 이 집 저 집 전전하고 있다

활활 타오르는 녹나무의 잔향 쓰지 않고 달지 않고 나도 모르게 그만 불타라 그만 울어라 하면서 온몸에 물을 끼얹는다

반쯤 녹아 도착한 양초에 불을 피우자 일순간 조용해진다 타닥타닥 연기 없이 반투명한 너머를 본다

울지 않을 것, 후회할 말을 하지 말 것, 이런 건 다 소용없이

나무에 매달린 혀는 주렁주렁하다 녹나무 아래에서 우는 개구리를 본 적 있니? 내 앞에선 아무도 울지 않는다고 녹나

무가 말한다

  발끝에서부터 뜨거운 촛농이 거꾸로 솟아오르고 있다 꽉 씹어 넘긴 혀 아래로 넘어간 것은 불타는 녹나무였다 조용히 타는 양초였다 한다

  나는 재잘재잘 우는 것들을 사랑하였다

예언이 될 때까지

바라클라바가 사고 싶었을 뿐이다. 숨겨진 간판을 찾는 일. 오리무중에서 시계를 되감는다. 이곳은 오래된 빈티지 가게. 너는 발목 아래부터 차가워진다. 머리와 귀를 감싸면 체온이 올라갈 거야. 지하로 향하는 일에는 숨김이 없듯이 서리 낀 숨을 뱉는다. 구름이 심상치가 않구나. 너는 복선처럼 말하는 재주가 있고 나는 그 말을 오래도록 곱씹는다. 언젠가 그 말이 예언이 될 때까지 기억해야지. 털 뭉치의 시작과 끝은 어디일까. 펼쳐놓는 일은 쓸모없어. 그렇지만 넌 쓸모없는 일을 고집하잖아. 너는 이제 귀와 입을 막고 눈만 내놓는다. 듣지 않고 말하지 않고 보기만 하면서. 곧 무엇인가 저지를 것 같은 눈을 하고 있네. 내려온 계단으로 다시 올라가는 동안 너는 계단과 동일해지고 있다고 생각한다. 찢긴 가죽과 뽑힌 털을 깔아놓은 계단의 배를 베고 누워 잠꼬대한다. 쇄골 아래 몇개의 점이 있는지 세어보는 일을 하자. 쓸모없는 일을 하자. 바깥의 구름은 비바람을 몰고 오는 중이다. 비가 온다는 예보는 없었지만 구름이 심상치 않다는 너의 예언이 있었지. 찢긴 가죽을 입고 몸 구석구석 털을 심으며 바람이 몰아치는 곳으로 간다. 사람이 하는 말은 듣지 마. 나는 너를 보며 사람이 아닌 것들을 떠올린다. 그런데 나 귀신, 유령, 신 같은 단어는 쓰고 싶지 않은데. 침샘이 부풀어 오른다. 입아귀보다 커지는 중이야. 나는 너를 한올 한올 펼쳐놓는 상상을 하며 계단을 오른다. 발이 푹푹 빠지고 계단이 너를 한아름 집어삼키고 너는 이제 계단과 동일하지 않고 계단은 변하고 계단은 낡고 계단은 부패되고 계단은 끊어지고 싶어 한다. 떠나온 곳으로 되돌아가자. 비바람의 반대편으로 걷는다. 나는 곧 무엇인가 저지를 것 같아. 너의 눈을 보며 이야기한다.

밤 없이도 거짓말을 해

우리는 장례식장에서 만나 건배 없이 술을 들이켰다 끝없는 낮이 언제까지 지속될까 묻는 너의 말은 흩어져버렸지 나는 그런 거 헤아려볼 생각은 하지도 않은 채 잇새로 흐르는 소주를 닦았다

아직도 끝이 있다고 믿는 사람이 너구나

떠난 이들을 위해 노래하는 사람에게 지폐를 쥐여주며 한 곡만 더 불러달라고 애원하는 이를 보았지
우리는 애원하는 이 뒤에 조용히 앉아 입안의 이를 핥으며 공짜 노래를 들었고

샹들리에
중천에 뜬 해
피 앞에 비명 없이
사람이 사람을

어둠이 사라진 이곳에서 잠을 자려고 눈을 감으면
천장에서 물이 샜다

물은 양동이가 가득 찰 정도로 떨어지다가 시간이 지나자 아예 떨어지지 않다가 물이 떨어진다는 사실을 잊었을 때쯤 어깨 위로 한방울씩 떨어졌다
　어떻게 잊으려고 하냐는 듯이

　무른 어깨를 다시 끼워 맞추는 건 이제 일도 아니지
　근데 천장에서 떨어지는 거 말이야
　물이 맞을까?

　너는 여전히 기도를 하는구나 능청스럽게 신에게 일단 들어나보라고 이죽거리며 간혹 죽은 사람들에게 말을 걸기도 했다
　여긴 죽은 사람이 아주 많아
　귀신도 신이니까

　신은 우리의 기도를 듣기만 했다

　나는 아무리 부딪쳐도 사라지지 않는 이를 만지며

이게 나의 죄책감이야
이게 나의 밤이야

우리는 백야 같은 거 경험해보지 못했는데
여기는 왜 영영 밝고 차가운 걸까

너는 갑자기 충치가 있는지 봐주겠다며 입을 벌려보라고 한다 나는 부끄러움도 없이 입을 아 벌리고 비명이 줄줄 새고 입안 가득 어둠을 물고 있다는 생각

말도 좀 하고 소리도 좀 질러
너는 손부채질을 하며 고개를 돌리고
나는 그 옆에 서서 입을 더 크게 벌린다

빈 병 줍기

 대체 겨울은 언제 와? 지난해에는 가을이 길어졌으면 좋겠다고 해서 시월을 늘이고 늘이다가 영영 겨울이 멀어져버렸어 끝나지 않는 가을 속에서 낙엽에게 뺨을 맞으면 은행이 떨어지는 내내 기분이 울적했는데

 목소리가 나오지 않으면 성대를 갈아 끼우기
 심장도 그렇게 할 수 있고 쓸개도 가능하지 모두 사이보그가 되자 사람도 지구도 새로운 부품을 하나씩 껴안고 각자의 집으로 돌아갔다

 우리는 더이상 새로운 것을 이식받지 않기로 서명한 사람들이었다 복제 혈관 인공 태양 기계로 만든 척추 알을 낳는 닭 1호 2호 3호 망가지지 않는 튼튼한 위장 같은 것을 거부하기로 했지

 창백한 병을
 머리에 이고 다녔다
 언제 엎질러질지 알 수 없어서

우리는 죽은 이의 등에 업혀 울다가 화를 냈다 또 열심히 사랑했고 길게 호흡하는 법을 배우며 바르게 앉기 바르게 눕기 바르게 걷기 같은 것들을 공부했지

사람들은 마음까지도 헐거워지면 재빠르게 바꾸었다

우리 서로 너무 가까이 서 있지 않아? 머리 위의 병이 기우뚱거렸다 언젠가 멀어졌다가 다시 가까워지기도 하겠지 내가 너에게 하는 말들은 그 무엇도 투명하지 않고

귤꽃은 희다

마음은 얼룩덜룩하다

사라진 목소리를 간절히 기다렸다 크고 튼튼한 새것을 몸에 지닌 사람들이 지나가는 것을 지켜보았다 헌것들 어떤 마음은 장식품이 되고 어떤 마음은 재활용되는 중

곧 겨울이 될 거야 흰 입김을 내뱉는 사람으로 남아서 아

직 끝나지 않은 드라마의 결말을 멋대로 지어내보자
   매번 똑같이 재생되는 영상을 거꾸로 틀어보기도 하자

   뚝뚝 끊기는 머리카락
   엇박자로 날리는 눈발
   갈라진 풍경과 풍경
   쪼그라드는 세계

   이곳에서 천천히 부식되어가는 우리
   잘 살자는 약속은 지키기 어려웠지만 여러번 했던 말을 처음 하는 것처럼 태연하게 하고 또 했다

   저기 마음이었던 것이 버려져 있다
   저기 가을이었던 것이 지속된다

   여기 망가지고 짓이겨진 기쁜 우리가 있다

   우리는 오래 살아서 더러워질 것이다 <u>스스로를 무해하다고 말하는 사람들</u> 앞에서 피를 흘리고 피를 마셨다

이렇게 살았고

숨소리로 사람을 구분할 수 있어? 우리는 등을 맞댄 채로 녹슬어가는 몸을 이끌고 빈 병을 수거했다

제 3 부

미로에 초대되었습니다

당신도 미로 출신이라는 게 기뻐요
첫번째는 눈이 가득 쌓인 스키장이었어요
당연히 지팡이도 고글도 모자도 없었죠
당신은요? 비행기요? 세상에 비행기라니
너무 무서웠겠어요 눈을 떴는데
구름보다 높이 있었겠네요
저는 스키장 정상에서 멀뚱히 서 있었어요
내려가는 방법은 모른 채로 홀로
누가 날 퍽치기 하고 홀딱 벗긴 뒤 던지면
그게 차라리 더 빨리 굴러떨어지겠다
할 때쯤 미로의 끝이 보였어요
다시 원래 걷던 길 한복판으로 돌아왔어요
왜 생각의 끝까지 미쳐야 길의 끝이 보일까
당신은 처음 이륙한 비행기였군요
완전 새것이었겠네요 새것은 무섭죠 아무래도
더 정교해서 더 사실로 믿게 되니까요
당신은 이걸 왜 미로라고 부르게 됐어요?
계속 걸어도 입구나 출구 같은 건 없잖아요
그냥 망상이라고 생각하라고 했다고요?

누가요? 아녜요
제 두번째 미로가 얼마나 정교했는데요
전 이게 미로라는 것도 잊은 채 평생
그곳에서 먹고 자고 살 뻔도 했어요
앞집 옆집 옆집의 앞집 앞집의 옆집 모두
한 가족이 되어 사는 미로였죠
이상함을 알아차리기까지 꽤 오랜 시간이 걸렸어요
제가 캐리어에 짐을 넣고 질질 끌고 나올 때까지도
모든 가족이 저를 붙잡고 어딜 가냐고 물었죠
아! 꿈 깨라! 꿈! 깨라! 외쳤어요 쩌렁쩌렁
웃지 마세요 저는 정말 진지했다니까요
미로는 점점 더 정교해진다고요
당신의 두번째 미로는 아이고, 아파트요?
벌써 눈이 질끈 감겨요
남자가 칼을 들고 점점
아니 그만 말해주세요 충분해요
모조 칼을 들고 더미를 찔렀다고요
선반에서 떨어지는 유리컵을 피하고요
마치 범죄 현장을 재현하는 것처럼…

어쨌든 당신을 만나 기뻐요
구부러진 눈초리를 받게 될까봐
남들에게 미로에 대한 얘기는 하지도 않았어요
그런데 모두 미로 출신인 거면 어쩌죠?
그래요 그럴 수도 있겠어요
지금부터 우리 머리를 맞대고 생각해봐요
이 미로를 어떻게 끝낼지
나갈 수 있을지
벗어날 수 있을지
여긴 훨씬 더 정교하네요
정말 정말로 당신이 있는 것 같아요

발명

 어릴 적 사진을 들추며 사라진 건물을 체험한다 비틀리게 걸린 간판에 매달려보기도 하면서 이 골목에서 난 까까머리에게 맞아 죽을 뻔했지 너는 요구르트를 거꾸로 뒤집어 씹으며 피아노 치는 시늉을 한다

 곧 비행기가 추락할 거야 찰나를 끊임없이 되풀이한다 순간을 찍어 보이지 않던 것들이 보이게 될 거야
 되감는다
 사라진 아이의 얼굴을 천천히 본다

 나는 기억을 유실하기 위해 애쓴다
 너는 빈 플라스틱 통을 마구잡이로 구기는 중
 애쓸수록 되살아나는 집이 있고

 이것은 구연동화가 아니다 나는 깡통이고 너는 유리병 다른 이는 버려진 회초리 먹 묻은 붓 갈라진 돌 두척은 큰 담벼락 그곳에서 한 발로만 걷는 우리 내가 굴러떨어질 동안 모두 비행기 추락 뉴스를 본다 곧 폭발할지도 모르지 바닥에 흘린 피를 줍는다 빠져나간 것을 다시 집어넣어 원하지 않

는 흘림이었으니
  되새겨진다
  벽에 파도처럼 갈겨쓴 글씨를 읽는다

  나는 파도를 바다라고 생각했던 것 같아

  너와 나는 항구에 앉아 바다를 본 적 있다 모래사장이 없으니 파도가 치는지도 잘 모르겠어 물때가 됐다 너는 그렇게 말했고 썰물과 밀물에 되깔리면서 나는 되어버린 너를 지운다 철 수세미를 온몸에 문지르고 벅벅 닦아도 자국은 남아 있어

  다 자란 너의 얼굴을 모르고
  쪼개지 않은 사과의 단면을 모르고
  찍지 않은 사진의 찰나를 모르듯

  물을 가득 따른 컵을 들고 걷는다 흐르는 물에 사진이 젖고 젖은 사진 속 나는 또다른 슬픔을 발생시키며 웃는다 번진 잉크를 모아 담아 새로운 장면 새롭게 떠오르는 잃어버

린 시간
　되찾는다
　이미 분실된 것을 유실하기 위해
　질질 흘리고 다니던 날들을

　나는 너를 되살려야지 너는 사라진 물때를 찾아간다 언제 올지 모르는 순간을 향해 간다 찰나 다음의 지속 빛바랜 사진을 문질러 나는 너의 얼굴을 짐작한다

뮤지컬 스타 호문조

등장인물 호문조는 1000 대 1 경쟁률을 뚫고 캐스팅되었다
라이징 스타! 호문조, 뮤지컬계의 아이돌(이 될 예정)
※사람 머리를 잡아먹는 장면이 나오므로 주의

1막
호문조는 날개에 가둬둔 호랑을 애지중지 쓰다듬으며 산다
나처럼 멋진 괴물은 또 없을 거야
날개 끝으로 힘을 줄 필요 없이 나무를 뿌리째 뽑았다
집, 집을 지어야지
    (대사를 절면 어떡해? 다시!)
집을 지어야지, 높고 넓은 나의 집

호문조는 변장에 능하므로 뱀에게 똬리 트는 법을 배웠지
집채만 한 머리를 몸 안쪽으로 구겨 넣어
둥글게 무대 안으로 기어 들어간다
날개는 함부로 펼치면 안 돼
호랑이 달아나고 말 테니, 호문조 언제나 긴장을 늦추지 마

호문조는 산속에서 사람 가죽을 입고 말을 건다
감쪽같은 목소리로 노래 부르네
사람 가죽과 하나 되어 마치 사람인 것처럼 군다
알감자로 끓인 수프와 양파볶음과 홍차 조금
호문조의 입맛은 이국적이구나
    (여기서 좀더 황홀한 표정을 지어)
마카오 하와이 괌, 앙상블도 함께 춤추며, 마카오 하와이 괌

아랫마을 사람들에게도 호문조의 목소리 울려 퍼지네
두려움은 숭배와 멸시로 이어진다
위에서 아래로 떨어지는 폭포에서 날개를 꺼내고
펄럭이자
아래에서 위로 솟구치는 물줄기
괴물이네 괴물이야 괴물이네 괴물이야

인터미션
의자에 앉아 꿈쩍하지 않는다
마치 없는 사람처럼 곧 사라질 것처럼
1, 2열은 호문조 석

호문조에게 머리를 물어뜯길 수 있는 자리죠
만원 정도 더 비싸요
몇번 못할 귀한 경험이니까
곧 사라질 머리 머리 머리

2막
막이 걷히고 천장에서 호문조가 내려온다
무대보다 커진 호문조의 날개
괴물은 괴담을 먹고 자라 무럭무럭 자라

비밀 하나만 말해줘
비밀인데 어떻게 말해줘
호문조는 남몰래 날개 속 호랑을
풀어줘야겠다고 다짐하고 있다

산속에서 길을 잃은 행인 1
두리번거리다가 사람 변장을 한 호문조를 마주한다
거구의 호문조
호랑이가 달려드는 듯 오금이 저리는 행인 1

괴물, 괴물이다 외치면서
나무 위로 올라가기 시작한다 생각보다 빠르게
점점 빠르게

        (오케스트라 지휘자의 팔이 떨어질 것만 같다)

호문조는 생각한다
저 사람은 왜 괴물새를 앞에 두고
나무 위로 도망가는 걸까?

산에 왜 올랐어
알고 있었잖아
이 호문조가 떡하니 살고 있다는 걸
알았으면서 왜 도망치는 거야
기인이거나 죽고 싶거나
대부분 후자여서 나 호문조는 기분이 좋지 않다
호문조 까랑까랑하게 하이노트
      (감정 잡고)
전율

호문조는 사람이고 싶다
뮤지컬 스타 등용문 「호문조의 날개」 마지막 장면
호문조 석으로 날아오르는 호문조
관객석의 그 누구도 괴물이네 괴물이야 외치지 않고
조용히 머리가 사라지길 기다린다

무대장치 오류
호문조의 머리가 무대 아래로 떨어진다
굉음과 함께 도망치는 사람들 그리고
날개에서 빠져나온 호랑

호문조 속에서 호문조를 연기하던 호문조가
땀에 흠뻑 젖은 모양새로
쩍쩍 갈라지는 발바닥을 이끌고 머리를 줍기 위해 간다

    (텅 빈 객석)

호문조 드디어 비밀을 이야기한다

호문조는 마카오, 하와이, 괌, 멀고 가까운 이름들
사람 변장에 능한 괴물새 호문조 안의 호문조는 사람일까
이 질문이 나의 비밀이야
호문조 구슬프게 마지막 넘버 부른다

밤의 물속 낮의 물속

 그녀는 이유 없이 탄천을 걷는다. 이유 없이 걸을 때면 이유 없이 다리가 아픈 사람이 된다. 바람이 차니까 금방 들어가야지. 그래도 계속 걷는다. 이유 없이 신호를 건넌다. 이유 없이 모르는 길이 된다. 모르는 길이 생기고 모르는 돌다리를 두드리는 일. 그녀는 비가 와서 잠긴 돌다리를 본다. 다리 위로 올라가도 건너편까지 갈 수 없다. 그녀는 벤치에 앉아 다리를 본다. 다리는 두개다. 걸었던 다리. 건널 다리. 돌다리. 전부 탄천 아래에 갇혀 있다. 묻혀 있는 다리들. 다리를 밀어버린 다리. 이유의 다리. 물이 불어난다. 불어난 물은 계속 불어난다. 다리 너머 다리 너머 다리 너머. 건너편에는 아이 둘이 인라인스케이트를 탄다. 뒤축으로 멈춰 서는 법. 그녀의 뒤꿈치는 다 닳아 있다. 물살이 세다. 바람이 불어서다. 이유 없이 걸어서 다 터진 발바닥. 흰 양말이 다 젖도록 새어 나오는 이유를 생각한다. 그녀는 이유 있이 걸었던 때가 있다. 이유와 걷다가 나무 위를 보고. 이유와 걷다가 물 아래를 들여다보고. 이유와 걷다가 돌다리를 건너고. 이유를 누가 물속으로 밀었나. 밤의 물속. 낮의 물속. 이제 이유가 없어져서 그녀가 다리를 건너려고 해도 아무도 말리지 않는다. 그녀는 물속의 이유를 찾는다. 이유 없이 걷는 사람은 없지. 다 이유가 생기기 마련이지. 그녀는 이유의 다리를 찾는다. 이유의 다리를 건너려고. 그녀는 돌다리를 두드려보다가 발만 물속으로 넣어본다.

영웅이 된 이후에

어느 날 초능력을 갖게 되었다고 하자
땅에서 사람이 자라거나
사람에게서 포자가 자라는
그런 능력이라고 해보자
멀리 떠난 뒤에 구아버로 변한다든가
절대 닳지 않는 바퀴가 되었다든가

그건 조금씩 나를 버리는 일이기도 하고
무엇을 지켜?
자꾸만 죽었다가 부활하는
이리저리 행성을 떠다니는 여행자
다른 행성에 가보지 않았어도 여행자인가?
그렇지
살아 있는 건 모두

초능력을 가졌으니 영웅이 되어라
그것이 도리이고… 이치인…

근로계약서에 사인을 하고 월급을 받는다

일급 기밀을 누설하지 않기 위해
스스로를 벼랑 끝으로 몰아넣기
절박하면 무엇이든 믿어버리니까

넌 슬프면 다 티가 나
공간이 뒤틀리고 물이 증발해버리는 방식으로
영웅이 되고
지나치게 솔직해지고
덜 솔직하고 싶다고 울다가
세상을 구하러 가겠지

아동 초능력자의 근로시간 개선을 위한
시위에서 만나 경복궁까지 걸었다
아마 이때도 있었겠지?
영웅이라는 거 역사가 있고
전통이 있고
이렇게 생각하니 신물이 나고
여전히 사람이 기계보다 싸고

잠시 사람이 아니게 되었을 때
개다래
머루
휘감아 오르는 것
그런 것이 되었을 때

이대로 아무것도 하지 말자
칭칭 감아 늘어지는데
드디어 사람이 된 것 같다고
머루가 되어 생각한다

이곳을 떠나
영웅이 없고 악당이 없는 곳으로…

너는 가끔 입안 깊숙이 삼켜놓은 사랑을
퉤 뱉고선 이리저리 살펴본 뒤에 다시 삼킨다
그런 능력도 있어?
글쎄, 쓸모를 모르겠어

모처럼 휴일에
세계를 또다른 행성을 구하지 않아도 되는
휴일에
너는 갑자기 연이 되어 날기 시작한다

오래전 이곳은 들판이었다
영영 오지 않아도 된다

비실재

 눈 덮인 나무를 한그루씩 잡으며 간다 암표를 구해야지 마지막 열차에 타려면 눈 감은 지팡이가 필요하듯이 묻힌 것을 밟는다

 도둑맞은 몸을 찾자 깨진 접시를 이어 붙인다 여기에 무얼 담았어? 너무 많이 담았다가 비운 손으로 줍는다 아문 자리 안에 흑연이 있어

 열차는 간다 이제 더이상 폭설이 있는 곳으로 돌아오지 않아 깨진 몸이 나뒹굴고 눈 속에서 아무나 죽는 중이라고 떠난 괴물이 말했다지

 소문은 과개교합 같아 앙다문 윗니 안으로 아랫니를 전부 숨기고 있잖아 돌아오라는 소원을 적는 동안 손에서는 다른 색이 인쇄되고 있다

 멈출 수가 없다 검은 글씨를 쓰는 지금 몸은 내 몸이 아닌 것만 같아 사라진 통증이 그립고

소원을 적은 나무가 얼지도 타오르지도 않고 바싹 말라간다 흑연과 수정의 결정 구조가 같다면 나도 무색투명해질 수 있을까

나는 초를 켠다 불은 들어오지만 불은 없는 초 자꾸만 사라지는 아랫니를 만지며 깨진 접시의 마지막 조각을 찾으러 간다

떠났지만 떠나지 않은 괴물아 푹푹 빠지는 발아래에 무엇이 있니 물어도 돌아오는 대답은 흑연처럼 검다 눈이 내린다

들개의 자라지 않는 친구들

 귀가 붉게 물든 들개를 따라 걷고 있다. 한때 연극을 본 적이 있었지. 그건 마치 들개를 따라 걷는 심정. 극이 끝나면 옆자리 사람들은 모두 울거나 울기 직전의 얼굴이었다. 할아버지는 세상에 없는(어쩌면 먼 빛 아래 사는 자들에게서 행해지고 있을지도 모르는) 장례로 자신을 보내달라고 하셨고 세 자매는 작은 마당이 딸린 낡은 주택에 모여 귀가 붉게 물든 들개를 따라 걷고 있는 것이다. 숨죽이는 모양새로 언니 이건 그냥 연극이라고 생각해. 그러니까 울지도 말고 화내지도 말고 없는 표정으로 어슬렁거리는 몸짓을 따라 하는 거다. 들개의 이름은 들개. 들개는 야견의 들개가 아니고 들처럼 푸르게 자라라고 할아버지가 붙여준 이름이다. 들개는 얌전히 앉으라면 앉았다. 배를 뒤집으라고 하면 뒤집었다. 오늘도 반갑다는 얼굴로 꼬리를 흔들었고 짖지도 않았다. 귀에 붉은색을 바르는 동안에도 목에 할아버지의 유품을 매다는 동안에도 혀를 내밀고 있을 뿐이었다. 들개가 다니는 산책로로 할아버지도 함께 산책하며 마지막 산보라고 할아버지는 말했다. 언니 입 그만 삐죽거려, 동생아 그만 울어라. 세 자매는 각기 다른 마음으로 동네를 빙빙 돌았고 그 사이 들개는 친구들과 냄새를 맡으며 놀고 씨앗을 심었지만 자라지 않는 작은 텃밭에 영역 표시를 하고 동네 사람들이 내놓은 고양이밥을 훔쳐 먹었다. 들개야 우리가 좋은 밥 주는데 왜 고양이 사료를 훔쳐 먹어. 들개는 열심히 걸었고 나는 시체처럼 아무 말도 하지 않고 울지도 않고 연극을 보고 나오는 유일한 사람이 되어 들개의 목에서 흔들흔들 흔들거리는 할아버지의 금목걸이를 쳐다보았다. 나무가 쓰러질수록 들개도 점점 쇠약해질 것이다. 착한 들개는 가던 길을 벗어나 전속력으로 개울에 뛰어들었다. 혼비백산의 우리를 유유히 쳐다보다가 개울에서 나온 들개의 귀는 다시 하얘져 있었고 금목걸이는 개울을 따라 흘러간 뒤였다. 시골 동네는 해가 금방 지고 금세 어둑해지니까 그만 돌아가자. 우리는 들개를 품에 안고 자라지도 않을 집으로 돌아와 마루에 누웠다. 모두 들개의 친구였고 그제야 들개는 크고 길게 짖었다.

크리소카디움

누볐지
다 가보려고 했어
깨끗하게 닦은 사과랑 참외 올려두고
창으로 들이치는 비를 맞는 신발을 봤어

이렇게라도 비를 맞아서 다행이라고 해야 할지
얼른 괜찮으냐 물으며 창을 닫아야 할지 고민했지
오래된 전자레인지에서는 아무것도 녹지 않는 소리가 난다

너는 그건 또 무슨 소리야? 물었을 테고
그렇다면 나는 이렇게 대답해

온몸을 꽉 붙잡고 뜨거워지지 않으려는 거야
뜨거워지면 물러져버리니까
물러지면 자꾸 무엇인가 나를 푹푹 찌르니까
전부 붙들고 있는 거야

하루는 신점을 보러 갔어
내가 모르는 신이 너무나 많고

어쩌면 평생 그 무엇도 알 수 없을 거라고 생각하니까
오히려 마음이 편했지

나 말이야
어제 목을 매고 죽은 박쥐를 봤다
그럼 박쥐가 거꾸로 죽은 거야?
그런가, 그렇게 되는 건가

완전히 반대로 죽는 일이 쉽진 않겠지
매달린 죽음보단 매달린 삶을 살았는데
뒤돌아보면 발아래 주렁주렁한 것이
손을 흔든다

안녕, 안녕
태어난 것을 키웠어
지켜야지 생각하면서

지키다,라는 말을 뭐라고 바꿀 수 있을까
그건 아마 너의 얼굴을 똑바로 쳐다보는 일

느리지만 반드시 찾아오는 것

거꾸로 자라도 잘 살아
반대로 걸어도 어디든 누비듯이

아직도 비가 오고
나는 젖은 신발을 신고 간다

추락을 위한 안내서

테마파크

 환상의 나라로 어서 오세요 환영합니다 이곳은 다 듣고 다 보고 다 먹고 다 느끼는 곳 부서지지 않고 부러지지 않고 침묵하지 않는 곳

 붕 뜬 몸이 지상에 안착하기를 거부한다 추락해도 죽지 않는다 곤두박질은 이곳의 셀링 포인트 공간을 팔고 분위기를 산다 이 공포 어떠세요? 맛이 좋지요 입구를 지나면 날이 샐 때까지 정처 없이 떠돈다 시계가 없으므로 시간도 없다 멈춘다 전부 정지한다

떨어지는 발	대기시간 30분
아래 떠 있는 미래	대기시간 80분
비유가 아닌 사실로	대기시간 120분
자유낙하	대기시간 180분

 이곳을 새로운 행성이라고 소개해본다 당신은 지구를 떠나온 이주민이다 땅에 발붙이지 못한 사람이라고 스스로를 생각한다(지구에서나 우주에서나 마찬가지라고도 생각한

다) 소속이 없고 국가가 없다 몇억광년을 지나 지구보다는 작고 금성보다는 큰 이곳을 발견한다 정착하기로 한다 중력을 느낀다 어디론가 떨어질 수 있는 힘 발을 뻗으면 땅을 발견할 수 있는 끌어당김 딱딱하게 부서지는 흙 흐르는 물줄기 이곳은 태초로부터 보존되어 있다 당신은 당신의 몸을 보호하던 캡슐에서 나와 숨을 쉬어본다 이제 당신의 몸은 물질적으로 감소되기 시작한다 당신은 처음 만나는 이곳을 향해 손을 흔든다 이곳은 다섯 구역으로 나누어져 있다 모든 곳은 중심을 향해 간다 그것이 땅과 몸이 행하는 진리라고 생각한다 당신은 새로운 생각이라는 걸 하기 시작한다 생각은 새로운 행성에 맞춰져간다 안내자가 건네는 안내서를 받아 든다 이곳엔 이름을 적는 칸도 성별을 적는 칸도 없다 이것을 해방이라고 말해본다

웃음소리가 너무 크다
비명 소리가 너무 크다

흩어져 사라지는 목소리는 학습된 것이다

이제 방랑자는 그만둬 이제 두려워 벌벌 떠는 것은 그만둬 롤러코스터 추락의 공포가 주는 두근거림을 즐거움이라고 정의한다 당신은 발이 그만 걷자고 할 때까지 이곳을 구경한다 해가 져도 마음껏 돌아다닌다 발이 평평해진다 당신이 돌아다닐수록 이 행성은 파릇파릇해진다 당신은 그것을 느낀다 우주선은 다시 밝은 빛을 내며 사라진다 우주선이 지나간 시간은 별처럼 보인다 우리가 보는 별은 이미 그곳을 떠나간 별의 잔해이기 때문에 당신은 이제 그것이 허깨비임을 안다 우주선은 오래전에 떠났기 때문에 우주선은 그런 곳이기 때문에 언제나 이동하기 때문에 과거의 당신이 지금 서 있는 당신에게 손을 흔든다 당신은 180분을 기다린 자유낙하에 몸을 싣는다

크게 웃는다
크게 비명 지른다

당신은 30분 80분 120분 180분 기다리며 자유를 만진다

우리에게 있는 빈방

모른다
방 안에 갇힌 게 누구인지

        나는 이 장면을 반복 중이다

도어맨을 지나
벨보이에게 간다

열쇠는 이미 쥐어져 있다
언젠가 뺏었던 것인지도 모를

          착한 말을 할 거예요

간 적 없는 여행지에서
나를 마주한 목격자가 있다

         이제 호텔에는 빈방이 없습니다

예약된 방을 무단침입한 사람과

저녁을 먹는다
숭덩숭덩 잘라 넣은 야채스튜와 와인
그럴듯한 음식을 먹는 동안
하루가 지난다

                                      오늘 생일이에요
                                            방이 없어요

그러므로 축하가 없다

남은 와인을 마저 마시고
물로 세수를 하고
서랍에서 고깔을 꺼낸다

                                  붉은 고깔이 목을 향해 있다

사실 알고 있을지도 모른다
모든 축하와 저주를 가둔 사람을

                        무엇에 대고 박수 치려고
                            촛불을 부나요

빈방에 서서 우리는 박수를 친다
도어맨과 벨보이는 이곳까지 올 수 없다

언제나 입을 가리고 웃는 사람과
축하의 등 뒤에 선 사람이
함께 있다

                    지금을 이룬 장면을 쥐어짠다

점점 빠르게 쓰는

 아이는 단발머리 소년의 바이올린을 훔칠 줄 안다
 아이는 스크린이 내려오는 거실 귀퉁이에 서서 굳어가는 스파게티를 끊어 먹는다
 아이는 영화가 끝나기 전에 집에 가야 하고
 아이는 숨겨놓은 보물을 찾아서 나가야 한다
 파자마 파티 초대장은 비행기로 접어 날린다
 날아가
 영웅이 된 가족이 도로를 달리는 장면이 지나가기까지
 하늘을 날고
 빛보다 빠르게 뛰는
 어딘가에 숨겨져 있는 접힌 쪽지 혹시 본 적 있니
 아이는 빈손으로 밤이 되기 전 문을 나선다
 옷장 안에 숨어서 한 낙서는 아무도 읽지 않아
 읽지 않는 글에
 목소리를 찾아주는 일

 아이의 발바닥에 잡힌 물집과 멍은 빠질 때가 되어도 빠지지 않는다
 때가 없다

시계 초침 소리는 누가 발명한 걸까

아이는 파자마 파티를 빠져나가 길의 한복판에서 기타를 친다

여섯번째 일곱번째 손가락을 가져와 기꺼이 기타를 내려쳐야지

가끔 이유 없이 나쁜 아이가 된다

아이는 이불을 둥글게 말고 누워 숨었다고 믿는다

창문 아래로 떨어진 화병

흘린 건 주워 담을 수 있지

깨진 화병이 되어 사는 거야

아이는 화병이 되고 조각이 되고

새로 담은 물이 된다

아이는 양손 가득 화병 조각을 들고 걷는다

다시 천천히

혹은 느리게

아이는 악기를 다룰 줄 모른다

아이는 영웅이 된 가족 영화의 결말을 멋대로 지어낸다

아이는 스크린이 내려오는 집에 살지 않고

아이는 이제 새로운 장면으로 걸어 나간다

돌 아래 놓인

산 중턱의 돌을 본다 주위를 어슬렁거리다가 돌 위에 앉는다 처음부터 돌을 의자로 삼고 싶었다는 듯이 엉덩이를 딱 붙이고 앉아 산을 오르는 사람들 길 잃은 토끼와 눈 맞춘다 까만 눈 너머로 납작 엎드린 돌 우거진 낭떠러지 비탈길 아래 뻗은 손 내가 돌이 되어버렸소 지름길을 아는 자가 산을 빠져나가는 동안 야광나무 희게 비친다 저기 백두야차 가오 더이상 하늘을 날지 못하게 된 백두야차 가오 풀어 헤친 머리가 흐늘거리며 운다 내가 돌 되어 사는구나 사나운 야차 만나도 돌 되어 살아 돌아가는구나 머리 위로 산벌레가 붙어 앉는다 간지러운 이마에 힘을 주고 슬픈 생각을 한다 백두야차 풀쩍 뛰어오르오 살아 있는 것을 반으로 찢어 등에 업은 아이에게 먹이는 백두야차 뛰어오르오 살아 있는 것이라면 모두 썩으니 백두야차가 밟은 발자국 아래로 독을 가진 것들만이 우글거린다 토끼에게 뿔이 없고 뿔에게 자라날 곳이 없고 썩은 나무를 기어오르는 독사에게서 가시를 받아 든다 돌 위에 잠시 올려놨을 뿐인 가시를 돌이 된 나는 있는 힘껏 빨아젖히고 독 되어 살아남아야지 한다 산 아랫마을에 먹여 살릴 식구가 있소 백두야차 수십척에 달하는 아이를 등에 업고 먹여 살릴 자식이 있소 가슴팍에 덜그럭

거리는 이건 백두야차의 사라진 날개 뼈 돌 아래 놓인 날개를 잘근잘근 누르며 썩은 이끼를 몸에 두른다 사라진 산등성이 마을에는 집도 반 토막 인축도 반 토막 반의반의 반 토막이 듬성듬성하고 가까스로 빠져나간 자가 백두야차를 봤소 사람이 돌이 되었소 말해도 믿는 이 하나 없다 동네 꼬마들 사이에서 백두야차 잡아가오 백두야차 뛰어오르오 가곡 부르고 돌은 계속 돌 되어 있다 죽지 않고

벌거벗지 않은 사랑 찾기

딱 하룻밤 지나면 어린이가 어린이가 아니게 되고
풀뺑에 똑단발을 하면 어른이 어른이 아니게 보이고

동그라미 세모 네모
도형의 이름은 모른 채로

가로등 없는 밤의 한가운데에서
너는 사진의 얼굴에 검은 매직을 칠한다

그것도 참 일이다 지우는 것도 일이다 찍는 것만큼이나
힘이 드는 일이다

맞댈 입술이 없도록 지워낸다
모든 사랑은 붕 떠오르기를 바라면서
없음에서 시작되는 이야기

떠돌이 개에게 집을 지어주고 저녁때가 되면 늙은 고양이가 마당에서 운다 너는 언제까지 눈 무덤에 발을 담그고 붉게 부어오르는 발가락을 모르는 척할 셈이야 팔딱팔딱 뛰고

있잖아 잘라내기 전에 따뜻한 물을 맞아야 한다 간지럽겠지만 간지러워 미치겠지만

   평평
   평평

   향수를 잔뜩 뿌려 파는 책갈피를 샀다
   10쪽과 11쪽 사이에서만 나는 향기를 기억하기 위해

   이 향 무슨 향인지 설명할 수 있을까
   너는 우산을 쓰고 마당 이리저리 물 자국을 남기다가
   사라지거나 스미거나 물을 흘리는 일의 중요함을 말한다

보라 보라 보라 순수 플라토닉 눈사람을 굴리다가 순식간에 녹아버려도 엉엉 우는 사람은 몇 없겠지 이 모든 형태를 기억하는 집과 새로운 얼굴을 사진에 그려 넣는 너와 손만 잡고 누워 있다

낙과

2인승 자전거를 혼자 끌고 돌아온다

어디까지 가봤냐는 말에
풀린 체인을 보여준다

담벼락 앞에 세워둔 자전거는
바람이 불 때마다 벽 쪽으로 가 눕는다

옥상 배수관으로 떨어뜨린 돌들이
바닥을 향해 구르는 소리를
새소리로 착각해볼 수 있어

밤에 완공한 철교를 건너면서
끝없이 딸꾹질할 수도 있지

처음 페달을 밟을 땐 모르다가도
어느 순간 어긋나 있는 뼈와 걸음걸이
혹은 가벼운 입김

모르는 사람과 악수를 할 때마다
떨어져 나간 살갗들이
돌아갈 집 문의 뒤편에 쌓여 있을 것만 같다

혼자서는 탈 수가 없으니까
이 고철 덩어리를 버려두고 갈까 하다가도
다시 붙잡아 끈다

자꾸 앞이 안 보이곤 해

안약을 잘 넣어야 한다고
눈을 맞추며 손짓하던 네가 없고
누군가 흘리고 간 개복숭아가 골목에 떨어져 있다

바닥과 하나 된 개복숭아는 시고 가벼워
담벼락 아래 구멍에 손을 집어넣어본다

까끌거리는 손바닥이 축축하도록
핥는 것은 무엇일까

혼자 걷다가 마음껏 넘어져보고
오래 사라져도 본다

곤죽이 될 때까지 걸어봤으니
길에서 만난 것들이 많아

자전거 손잡이에서 단내가 사라지지 않고
맹렬하게 녹아내리도록
어리둥절해하지 말자

햇빛 걷어내기

장작을 때다가
해가 졌다

햇빛을 걷어주는 사람이
있는 것 같아

구름보다 높이 있다고 생각하면
꿈속에서도 높은 곳이 거뜬했는데

하늘을 올려다보면 어디까지
볼 수 있을까

몽골에서는 실수로 발을 밟으면
악수를 한대

손과 손을 맞잡기
가장 확실한 사과를 나누기

손바닥에 박힌 나무 가시가

온종일 욱신거려도 다시

묘목을 심는다

묘목을 심는다

이곳엔 표지판도 신호등도 없어
계속 달릴 수 있다

허탕을 칠 수 있다
마음껏 도달할 수 있다

질긴 나무에 불을 붙이고
타오르는 불길을 본다

내일 가야 하는 곳은
서북서 서북서

그다음은

동북동 동북동

세계의 끝에서 이어지는 막다른 길
너머에는 새로운

<u>오프로드</u>

힘껏 위아래로 내저으며 휘저으며
혹시 당신이 햇빛을 걷어주나요?

뒤를 돌아보면 무수한 손
내밀어져 있다

이후의 세계에서

나는 자주 얘들아 부른다

얘들아

어제는 죽은 자의 차 보닛 위에서 잠들었다 깨어났다 죽은 자는 탈 거면 타고 말 거면 말라는 듯이 나를 쳐다보았어 나는 곰곰이 생각해보다가 조수석에 앉아 모르는 가수의 노래를 틀고 모르는 노래를 아는 척하면서 죽은 자가 더이상 죽지 않게 주의를 끌어주었지

비틀린 골목뿐이었어도 그건 분명 길이었다 새빨간 기둥을 지날 때마다 천국과 지옥이란 건 없고 죽으면 다 이런 도로를 가지게 되는구나 나만의 도로를 마음껏 달릴 수 있겠구나 날든 뛰든 기어가든 죽은 자는 노래를 퍽 마음에 들어했어 나는 아직도 그 노래가 무슨 노래인지 모르지만

얘들아

다쳤던 곳을 또 다치고 다치는 건

운명인 걸까
쌓여 있는 통조림 병을 세어보면서
몇번이나 더 손이 베이게 될까
가늠해보듯이
지하 벙커의 끝에서 작은 전구가
깜빡거린다
저것마저 꺼져버려도 상관없지
이제 불빛 없이도 앞을 볼 수 있다
여름이
누런 벽지가
녹슨 의자가
간혹 손목의 뼈가
함께 있던 사람이
모든 것이 깨지고 베어지는 동안
손바닥의 굳은살을 뜯어내면서
살고 있다

애들아

얼굴을 쓸어보면 보드라웠던 건 언제였을까 손바닥의 딱지들은 언제 다 떨어질까 손바닥이 울퉁불퉁해서 얼굴까지 깨져버릴 것 같다
깨졌나?
거울
깨졌나?
얼굴
깨졌나?
아침
깨졌나?

애들아

황도 통조림은 침착하다
한바탕 휩쓸고 지나간 마트에서 겨우 건져 온
침착한 통조림의 뚜껑은 요란하지 않다
요란한 건 바람이고
요란한 건 하늘이고
원망할 곳이 필요하다면 대들지 못할 것들을 미워하기로

했어

  침착한 밤의 소리가 땅으로 스민다
  요란한 건 나였을까?
  나는 나를 원망할까
  나는 나를 미워할까
  내일은 버려진 차가 있어야 할 텐데
  결국 운전 연수 같은 건 받지 못했지만
  부서지고 깨져도
  액셀을 밟는다
  밟는 건 깨지는 것
  나아가는 건 부서지는 것
  해는 뜨고
  밤은 오지 않는다

  얘들아

함성을 지르자 있는 힘껏 질러보자

  얘들아

굴러다니는 지구젤리를 주웠어 이런 거 먹어본 적도 없는데 줍자마자 알았지 아 이게 지구젤리구나 작은 지구구나 생각하다가 껍질을 벗겼는데

지구가 사라진다

파랗게 물든 구만이 내 손에 작게 굴러다녔어 끈적이고 쉽게 녹아버리는 작은 지구가 물컹거리고 반으로 찢자 붉은 잼이 흘러내렸지

지구젤리는 예언자 같아

손가락 아래로 흐르는 잼을 핥아 먹으면서 한입 가득 젤리를 씹고 또 씹었어 달고 맛없는 지구는

슬프다

애들아

애들아

곧 도로를 갖는다면 멋진 튜닝을 해볼게 너무 붉지 않게

애들아

꿈이었으면 좋겠어

나는 항상 꿈 일기를 쓰곤 했지
물이 차오르고 태풍이 일어나도
아무도 죽지 않는 꿈
물 아래를 걷는 꿈
빌딩 옥상까지 물이 쫓아와도
괜찮은 꿈
깨어나면 꿈인 걸 아는 꿈
꿈이어서 괜찮은 꿈

아무리 자도 꿈에서 깨지 않는다
가위에 눌리면 소리를 지르며 깨어날 수 있어야지

악몽은 이제 무섭지 않고
악몽 또한 꿈이어서 좋다

벙커가 점점 춥고…
겨울은 사라지지 않고…

얘들아

나는 다른 이의 피를 주렁주렁 달고 태어났다 수혈받지 않으면 곧 사라질 작은 몸을 붙잡고 피를 짜고 또 짜서 숨 쉬어 숨을 쉬라고 소리 지르는 소리를 들으며 나는 영문을 모른 채 숨을 쉬었던 것도 같다 들이마시고 내쉬고 들이마시고 내쉬고

마치

그때로 돌아간 것처럼

빛이 붉게 꺼진다

얘들아

노래가 흘러나와
나는 가수를 잘 모르니까 너희가 알려주곤 했지
모르는 가수의 노래가 흘러나오고
나는 이제 그 노래를 너무 쉽게 따라 부른다
가수가 누군지 여전히 모르지만
이제 알려줄 너희가 없어서

얘들아 부르면

얘들아뿐이고

얘들아가 울려 퍼지고

잘못한 것도 없는 손바닥을 비비면서
굳은살이 다 뜯어지도록 오늘도 지하를 나서고
지상은 차갑게 흐르지만

얘들아

부르면 뒤돌아봤던 너희

뒤돌아보는 얼굴이 깨지지 않게
조심히 걸으며
찾을 것이다

애들아

양손 가득 움켜쥔 것들이 빠져나가지 않고 있었다

| 해설 |

녹고 싶지 않은 마음

김영임

　영구동토(永久凍土), 즉 항상 얼어 있는 땅 중의 하나인 노르웨이의 스피츠베르겐섬에는 '종말의 날 금고' 또는 '노아의 씨앗 방주'라고도 불리는 국제 종자 저장고가 있다. 어떤 위험 요소에도 훼손되지 않고 보존될 것을 기대하며 전 세계에서 보내온 종자들을 보관하고 있는 이 대단한 저장고 '시드볼트'는 그 비밀을 들키지 않으려는 듯 사각의 콘크리트벽으로 구성된 출입구만 외부에 노출하고 있다. 황량한 들판에 우뚝 솟아 있는 시드볼트의 입구는 코맥 매카시의 『로드』에서 그려진 잿빛 풍경만큼은 아니어도 사람들에게 꽤 강렬한 아포칼립스적 상상을 불러일으킨다. 뒤베케 산네가 디자인했다는 '영원한 반향'이라는 이름의 아름다운 광섬유 조명이 건물 입구의 파사드와 옥상을 장식한다고 해서 이 감각이 달라질 리 없다. 오히려 암흑천지의 포스트아포칼립스에서 씨앗을 찾아 길을 나설 이들에게 바다의 등대처럼 밤을 밝힐 이 조명은 '종말의 날'에 가장 어울리는 디자인적 장치일 것이다.

시드볼트의 이미지는 아포칼립스를 연상시키지만, 이 종자 저장고를 다룬 다큐멘터리*의 소개 글과 영상은 이곳을 "얼어붙은 에덴동산"과 같은 단어로 표현하며 유토피아를 말한다. 유토피아와 아포칼립스는 겉으로 대척점에 선 듯 보이지만 실은 공통의 뿌리에서 비롯된 상상이라 할 수 있다. 유토피아가 현 사회의 불안에서 출발하여 실현 불가능한 이상적 사회를 상상한다면, 아포칼립스는 이대로 가면 세상은 결국 감당할 수 없는 파국에 이른다는 상상이다. 즉 둘 다 현실적으로 불가능하거나 상상조차 어려운 차원을 그려냄으로써 현재를 비판하고 다른 가능성을 제시한다는 점에서 사회의 근본적 변화를 촉발하는 "혜성의 불꽃"**이 될 수 있다. 비록 프레드릭 제임슨은 『미래의 고고학』에서 이 비유를 유토피아적 비전에 한정하여 사용했지만 말이다.

과거의 흔적을 발굴하고 재구성하는 '고고학'을 아직 오지 않았고, 상상할 수밖에 없는 영역인 '미래'와 결합하여

---

* Mirjam von Arx and Katharina Von Flotow, "Seed Warriors," ican films gmbh, ZDF/ARTE, SRF Schweizer Radio und Fernsehen 2010 (https://www.imdb.com/title/tt1588393/).

** Fredric Jameson, *Archaeologies of the Future: The Desire Called Utopia and Other Science Fictions*, London: Verso 2005, xii면.

모순적이면서도 매혹적인 제목을 탄생시킨 제임슨은 미래를 직접 경험할 수는 없지만 우리가 남긴 '흔적'을 통해서 사유할 수 있다는 점에 주목한다. 그렇다면 역으로, 아직 도래하지 않은 상상을 재현한 텍스트 속에서 현재를 살아가는 우리의 불안과 불가능에 관한 흔적을 발굴해내는 일도 가능하지 않을까?

서두가 길었던 이유는 오산하 시인의 등단작 「시드볼트」가 주는 영감을 통해 그의 첫 시집 『첨병 다음은 파도』를 읽고 싶어서였다. 「시드볼트」를 비롯하여 다수의 시편에서 목격되는 아포칼립스적인 상상에 앞에서 언급한 '미래의 고고학'에 대한 역발상을 투사해본다면, 시인의 언어는 '지금-여기'의 불안과 불확실성을 구성할 고고학적 흔적을 품고 있을 것이다. 오산하의 화자는 삶과 죽음의 경계가 흐릿한 혼돈의 세계에서도 도착하지 못할 것만 같은 목적지를 향해 걷기를 중단하지 않는다. 뒤집힌 세상에 대한 시적 재현은 구체적 사건을 기록하는 방식 대신 시적 언어의 모호한 구성을 통해 불안의 현재화를 이루어내고, 비결정적 형상들은 현재를 잠식하고 있던 두려움의 흔적을 드러내는 미래적 잔해로 등장한다. 스피츠베르겐의 시드볼트가 '씨앗'이라는 물리적 개체의 흔적뿐 아니라 재난에 대한 인간의 공포와 불안의 징후를 동시에 품고 있듯이, 오산하의 『첨병 다음은 파도』는 문장의 생경한 직조를 통해 시라는 장르의 고유한 물성을 드러내는 데 그치지 않고 파국과 종말에 대한 상상 저편에 자리한 현재의 불안을 되비춘다.

굴러떨어지기

 『첨병 다음은 파도』에서 구현되는 공간 또는 세계는 일상에 대한 구체적인 감각을 느낄 여지를 주지 않는다. 물론 '집' '창문' '공원' '전시실' 등 구체적인 공간을 명시하고 있지만, 공간의 구체적인 모습을 연상할 수 있는 표현들은 절제되고, 일상적인 감각을 해체하는 생경한 요소들과 결합하기 일쑤이다.
 가령 "떨이로 나온 오이를 사서/씻고 깎아 소금에 재워" 두는 일상이 이루어지는 "집 안"은 "홰 위에서" 아이가 울고 "아이에게 이제 그만 내려오라고/오이 냄새가 밴 손을 내" 밀어도 "아직 떨어지지 않은 아이가/여전히 홰 위에 서 있"(「홰와 나무」)는 풍경 속에서 그로테스크한 동화적 공간으로 전환된다. 오이를 다루는 일상과 집이라는 익숙한 공간의 성격은 홰 위에 서 있는 아이로 인해 기묘하게 비틀리면서, 위태롭고 불안정한 상상의 공간으로 이어진다.
 오산하의 시적 공간이 빚어내는 세계의 낯섦은 길 또는 골목처럼 개방성과 이동성을 가진 공간 속에서도 자주 목격된다. "상설 극장에서 만나"라는 약속에 "가장 빠른 길을 선택"해 걸음을 옮기지만, 그 길에서 만나는 골목은 "소리와 소리가 벽을 만들고 정말 벽이 있는 것처럼 믿게 되는"보이지 않는 무대장치 같은 공간이다. 소리와 소리가 만나서 만들어진 그 벽은 한없이 투명해서 금방이라도 뚫고 나갈 수 있을 것 같지만, "벽과 벽에 갇혀 한번쯤 불길에 휩싸여본 사람들이 있었다"는 화자의 증언은, 벗어날 수 없을 것 같은 중압감으로 여전히 우리를 짓누르고 있는 시대적 재난을 소환한다. 골목에 "길게 늘어진 불행"을 따라 걷다보면 "잿더미 위에서 밥을 먹는 사람들"이 있다. "여전히 극은 상설 중"이고, "상설 극장에서 만나"라는 약속을 주고받지만, "우리는 사실 연극을 본 적 없다". "벽과 벽 사이"에 "타오르는 골목"을 건너뛰며 우리가 "거기에서 만나"(「거기에서 만나」)는 일은 결코 성취될 수 없으므로.

「시드볼트」의 세계는 더욱 낯설게 다가오며, 마치 아포칼립스의 풍경처럼 전개된다. "두개의 음 두개의 박자 머리 위로 떨어지는 십오층의 사람과 다리 밑으로 떨어지는 차 사람의 바싹 마른 피부와 솟구칠 힘도 없는 피 물 물 물 전쟁이 끝나지 않은 곳에 다 녹아버린 얼음의 흔적과 끈적한 더위"만 남은 세상을 종말 이외의 어떤 단어로 규정할 수 있겠는가. 시적 화자인 '나'의 또다른 자아처럼 읽히는 '라'는 "추위"라는 말을 남기고 "시드볼트로 들어가 문을 닫"는다. 대신 '나'는 "뚝 뚝 흘리면서" 계속 걷는다. "끊어진 다리 뒤집힌 배 치지 않는 파도 하늘에서 떨어진 새 검은 새 검은 눈동자 뽑힌 눈알 굴러가는 심장"으로 묘사되는 세상을 목격하면서 계속 걷는 것은 어떤 의미일까? 앞에서 잠시 언급한 매카시의 『로드』의 경우 계속 걸어야 할 이유로 '불의 운반'이라는 다소 비장한 은유가 등장한다. 폐허 속에서도 꺼지지 않는 불은 희망의 불씨이기도 하며, 좋은 사람이냐는 물음에 대한 답으로 제시될 때는 인간으로서 지켜야 할 최소한의 윤리인 '인간성'을 뜻하기도 한다. 불은 또한 세대와 세대를 잇는 책임과 약속의 상징이기도 하다. 이에 비해 오산하의 "굴러떨어지는 법을 배운 나 깔깔 웃는다"라는 마지막 문장은 매카시식의 유토피아적 기다림이나 구원의 약속 따위를 신뢰하지 않는다. 직접 "굴러떨어지는 법"을 체득하고 "깔깔 웃는" 화자는 오직 자기 자신에게 기댈 뿐이다. 이처럼 아무런 희망도 예감도 없는 니힐리즘적 풍경은 '바다'와 같은 자연에 대한 감각에서도 반복된다.

    어둠 속에 사람이 몇 있었다
    모두 숨죽인 채였으므로 깨진 해변을 피해 걸었다

    바다에 빠진 잠수부를 구하기 위해
    잠수부가 바다에 뛰어들었다

    누가 먼저 바닥과 가까워졌는지
    알아차리기까지 오랜 시간이 걸렸다

첨벙 다음은 파도
더 거세졌을까

돌멩이 하나가 먼발치에서 무거웠다
—「wave」 전문

"바다에 빠진 잠수부"가 무엇을 위해 바다에 뛰어들었는지는 알 수 없다. 다만 "깨진 해변"이라는 시어를 통해 바다는 이미 재난적 상황에 놓여 있으며, 사람들은 "어둠 속"에서 "숨죽인 채" 무력하게 해변을 지키고 있다. "잠수부를 구하기 위해/잠수부가 바다에 뛰어"드는 대목은 앞에서 언급한 것처럼 자기가 자신을 구할 수밖에 없는 고립적 니힐리즘의 세계를 보여준다. 그들은 서로를 구했을까? 또는 자기 자신을 구했을까? "누가 먼저 바닥과 가까워졌는지/알아차리기까지 오랜 시간이 걸렸다"라는 문장은 결국 모두가 바닥에 닿는 절멸로 이어졌음을, 즉 자기 구원에 실패했음을 은유한다. 이어지는 "첨벙 다음은 파도"라는 시구는 어떤가. '첨벙'은 무엇인가가 물속으로 뛰어들 때 나는 소리나 모양을 나타내는 단어이다. 이때 '첨벙'을 주체적인 행위로 이해한다면 물속으로 자신을 내던지는 사건 또는 세계와 자아가 맞부딪치는 기투(企投)를 상징하는 실존적 사건으로 볼 수도 있다. 그러나 뒤이어 오는 '파도'는 인간의 결단과는 상관없이 존재의 기투를 집어삼키거나 무화(無化)하는 거대한 자연의 리듬이다. "첨벙 다음은 파도"라는 반복적인 불가역성 앞에 인간의 기투는 니힐리즘의 심연으로 가라앉는다.

하지만 인간의 기투가 다 '의미 없음'으로 사라졌다면 세상은 오래전에 파국을 맞았을 것이다. 인간은 실패할 것을 알고도 세상을 향해 자신을 던지는 것을 중단하지 않는다. 니체의 부정과 전복 역시 생성과 의지를 예비하기 위한 것이 아니던가. "거기에서 만나"는 일이 성취될 수 없음을 알았다고 해서 오산하의 화자가 '걷기'를 멈췄을까? "우리의 취향이 찢어진 청바지에서 멈추었다는 이유로 더이상의 미래가 없다고 말할 거니?"라고 외치는 화자에게 '중단'은 적절치 않다. 우리의 "상설 극장"은 "매일 조명이 꺼지고 조명이 켜지고 대사가 울리고 대사가 울리지 않고 관객이 있고 관객이 없"기도 하다. 심지어 그곳에서 "연극을 본 적 없다"라고 말하는 상황도 발생한다. 그래도 시인은 "상설 극장에서 만나"라는 약속이 "정해진 미래"가 됨을 굳게 믿는다. "우리가 그렇게 하기로 약속하였으므로. 나는 언제나 변하지 않고 존재하는 극장을 향해 가장 빠른 길을 선택한다"(「거기에서 만나」)고 말하는 화자는 "첨벙" 뒤에 어김없이 덮쳐 오는 "파도"에도 불구하고 "잠수부를 구하기 위해" "바다에 뛰어 들었"(「wave」)던 또다른 잠수부와 겹친다. 이 무모한 '걷기'와 '뛰어들기' 또는 '굴러떨어지기'는 많은 경우 실패하겠지만, 그 덕분에 세상은 이어진다.

비틀거리기

  니힐리즘적이고 아포칼립스적인 시적 공간은 궁극적으로 새로운 세계의 생성을 꿈꾸더라도 그 출발에는 허무와 종말이 맞물려 있다. 그러한 시적 우주 안에서 삶과 죽음이 삼투적(滲透的)으로 스며들면서 죽음, 지옥, 귀신과 같은 비인간적 형상들이 자연스럽게 호출되는 것은 필연적 귀결 같기도 하다. 스탠드업 코미디언의 목소리를 빌려 지옥에 대한 상상을 거침없이 쏟아내는 「올나이트 스탠드 쇼」, 그리고 「굿것」 「야광 인간과 손 맞잡고 걷기」 「뮤지컬 스타 호문조」에 등장하는 귀신, 야광 인간, 신화 속의 새인 호문조 같은 존재들이 바로 이에 해당한다.

  저 멀리 들려오는 재즈 소리에 떠날 때가 되었다는 걸 안다
  죽기 전 묵은똥을 다 싸고 간다 부질없는 것에 천착했던 아주 검은 것들을
  떠날 곳에 대한 생각을 멈출 길이 없다면
  시시한 스탠딩 코미디의 한 장면을 떠올려보시길
  갈 때가 되어서야 피식 웃게 될지도 모를 일

  (…)

저의 스탠딩 코미디를 찾아주셔서
감사할까요?
그다지 감사하진 않지만 기쁘게 지껄여보겠습니다
오, 앞자리 웅덩이씨는
차에 치였는지 머리가 찰박찰박하군요
마지막으로 들어온 노란 커튼은
어찌 그리 휘감겨 있는지
단단한 매듭을 풀 수가 없습니다
위스키 한잔씩들 하세요
이 지루한 이야기를 내내 들어야 하니까요

누군가를 죽여본 것들과
죽어본 것들이 모여 앉아 있네!

(…)
지옥은 웃겨야 하고
그래야 지옥이다
　　　　　　　　　　　　　　—「올나이트 스탠드 쇼」 부분

　마치 지옥에 관한 꿈을 꾸는 것 같은 이 시는 죽음의 순간에 닥칠 미련과 두려움을 블랙 유머로 치환한다. 죽음에 임박했음을 알리는 신체 반응인 '묵은똥'과 같은 원초적 배설에 관한 언급을 시작으로, 망자가 사망한 원인이었을 법한

소재를 죽은 자의 별명으로 삼아 "앞자리 웅덩이씨"나 "노란 커튼"으로 호명하는 행위 안에서 죽음은 탈신비화되고 "아무도 웃지 않는 무대" 위의 농담으로 소비된다. "지옥은 웃겨야 하고/그래야 지옥이다"라는 선언으로 수렴되는 시는 죽음을 감내하는 방식으로 웃음을 제시한다. 하지만 시적 화자에게 '웃음'은 결코 쉬운 일이 아닌 것처럼 보인다. "더이상 웃긴 이야기라는 건 존재하지 않"는 것이 '삶'인 사람이 죽어서까지 "아무도 웃지 않는 무대"에서 코미디를 한다는 것은 형벌이지 않겠는가. 이제 "지옥에는 스탠딩 코미디를 하는 벌이 있었지"라는 문장과 "지옥은 웃겨야 하고/그래야 지옥이다"라는 문장이 이해가 된다. 표면적으로는 죽음과 지옥을 이야기하고 있지만, 이 '쇼'는 어두운 "첫번째 생"을 지나면서 "두번째 생"에 대한 기대를 버린, 웃을 수 없는 '현생'을 사는 자에 관한 모놀로그 쇼이다.

이처럼 태연자약하게 지옥을 묘사하는 시적 화자에게 '굿것'이나 '야광 인간'이 보이는 것은 하등 이상할 것이 없다. 귀신의 순우리말인 '굿것'에 대한 화자의 묘사를 읽어보자. "검은 천으로 덮어두어도 작은 틈을 비집고 나와 자리를 꿰차고 앉는다/들러붙었군/무엇이/일어나는 것/죽지 않으려는 마음/그런 것이…" "구석진 자리에 고요히 서 있는/말도 걸지 않고 그저/희미하게/옮겨 붙은 영혼을" "희고 멀겋다/무엇이/죽지 않는 마음이/그런 것이"(「굿것」). '굿것'은 죽음 이후에도 소멸되지 않으려는 잔여로 그려진다. 이 "죽지 않으려는 마음"은 사바(娑婆)세계의 인간에게는 두려움과 공포의 대상이 될 수도 있지만, 화자는 '굿것'에게서 읽히는 미련과 고집을 향해 연민의 시선을 보낸다.

'굿것'과 '야광 인간'은 경계를 가로지를 때 목격된다는 점에서 유사하다. '야광 인간'은 "반쯤 눈 뜨고 반쯤 눈 감았을 때" "어둠 너머에서 조용히 모습을 드러"낸다. 뭔가 주눅이 들고 주저하는 모습일 것 같은 '굿것'과 달리 '야광 인간'은 "스스로 빛나면서 빛 너머를 보는 자들"이며 "티끌 하나 놓치지 않고 작은 빛줄기를 읽어내는 자들"이다. 그런 "밤눈이 환한 인간들에게서 나는 배우고 싶은 것이 있었"다. 그것은 "비틀거리지 않는 방향감각을 가지기 위해 무엇을 갖춰야 하"는가에 관한 것이다. '나'에게 '야광 인간'은 마치 자신을 끌어줄 현자(賢者)와도 같은 존재이다. '야광 인간'은 '나'에게 그 방법을 가르쳐주었을까? 그야 알 수 없지만 '나'는 "이제 나에게 야광 인간은 보이지 않"게 되었으며, "처음부터 비틀거리지 않는 방향감각 같은 건 없는 것이었"고 "있는 힘껏 비틀거리다 잠들어도 되는 것이었"다는 사실을 깨달을 정도로 어른이 되었다. 이 시는 마치 한 존재의 성장 서사와도 같이 읽히는데, 시적 화자는 여전히 "쉽게 잠들지 못하고 쉽게 어두워지지만 어쩌면 바로 옆에 있을 야광 인간에게 손을 펼쳐 보이곤"(「야광 인간과 손 맞잡고 걷기」) 한다.

'굿것'의 낌새를 감지하고, 자신의 두려움을 극복하기 위해 '야광 인간'에게 기댈 때 오산하의 시적 화자는 한없이 예민하고 여린 모습이다. 가끔은 신화 속 새의 탈을 벗고 "1000 대 1 경쟁률을 뚫고 캐스팅"된 "뮤지컬계의 아이돌" "라이징 스타!"로 데뷔해 "구슬프게 마지막 넘버"(「뮤지컬 스타 호문조」)를 부르는 엉뚱하고 발랄한 '호문조'로도 등장하는 이 시적 화자의 변신은 앞에서 읽었던 다수의 시에서 부정성과 무의미를 자기 정체성으로 삼던 주체와는 사뭇 거리가 있어 보인다. 이 간극은 왜 발생한 것일까? 아포칼립스적 상상이 현재에 대한 불안을 재난과 파국의 형상으로 전치하듯, 잿더미의 현실 앞에서 무심하고 냉소적인 화자의 모습은 오히려 자신의 실존적 불안을 은폐하기 위한 방어기제일까?

"소중히 다뤄야지"

이번 시집에서 생태적으로 읽혔던 시들을 읽으면서 좀더 고민해보자.

사람의 몸을 빌려 산으로 가는 트럭에 탔다

영원히 겨울인 곳이라고 그랬다
(…)

빌린 몸을 소중히 다뤄야지

나는 어디 하나라도 녹아내릴까 무서워서
온기 근처에는 가지도 않고 양발을 끌어안았다

(…)

어떻게 사람이 되었어
어떻게 사람의 몸을 빌렸어
───「겨울영원」부분

　라는 녹지 않으려고 했다 깨진 그릇은 이어 붙일 수라도 있지 부서진 틈으로 물이 새도 다들 그릇이라고 하는데 밑 빠진 독도 독인데

　남의 집에 몰래 들어가서 제집인 양 구는 것이 전생의 특기였고 라는 그것을 기억하지 못했다

　과거의 라가 그것을 알고 과거의 라가 그것을 알고 과거의 라가 그것을 알았지만

　한줄의 일기도 메모도 없이 얼음은 녹았고 다시 얼음이 되지 않았다

　(…)

이건 하나의 생의 여러갈래

라가 물 위를 걸을 수 있는 건 사실 그 아래 녹아 사라지기 직전의 라의 어깨가 있어서다
—「최신세」 부분

두 시에서 시적 주체는 '나'와 '라'로 표현되고 있지만 유사한 정체성을 보인다.「겨울영원」의 시적 화자는 "사람의 몸을 빌"린 존재이다. "빌린 몸"이기에 "어디 하나라도 녹아내"리지 않게 하기 위해 "소중히 다뤄야" 한다.「최신세」의 '라' 역시 "남의 집에 몰래 들어"온 신세라서인지 "녹지 않으려고" 애쓴다. 두 시적 주체의 몸은 자아의 영속적 소유물이 아니라, 잠시 머물다 가는 임시 거처와도 같다. '빌린다'라는 행위를 통해 '나'와 '라'는 구체적인 몸으로 현현되기도 하지만, '빌린다'의 본질상 그것은 자신의 것이 될 수 없음과 동시에 관계 맺는 시간 동안은 서로를 재구성하기도 한다. 이는 마치 캐런 바라드의 '얽힘'* 같기도 하고 불교

---

* 캐런 바라드는 주체란 선험적으로 확정되어 있는 존재가 아니라, 관계 속에서 비로소 구성되는 것이라고 본다. 그녀에게 '얽힘'(entanglement)이란 개별적인 존재가 독립적으로 존재하지 않으며, 오히려 관계와 얽힘 속에서 존재가 탄생하고, 분리됨과 얽힘이 동시에 일어나는 내부-작용(intra-action)의 방식을 의미한다.

에서 말하는 무상(無常)·무아(無我)를 연상시키기도 한다. '나'와 '라'를 몸에 국한하면 '주체'의 본질에 대한 이야기이지만, 우주적 존재로 확장한다면 '빌림'이라는 단어를 통해 생태 전반에 대한 인간의 태도를 반성적으로 되돌아볼 지점을 제공한다. 이 생태적 감각의 화자는 다소 확장된 측면이 있긴 하지만, 앞에서 우리가 이야기했던 화자 중 어느 쪽에 가까울까?

이들은 다른 것 같으면서도 서로가 닮아 있다. 차이는 단지 드러난 태도의 문제가 아닐까? 분명한 것은 이들 모두가 끝없이 흔들리고 지워지는, 위태롭고 불안한 그림자를 드리우고 있다는 점이다. 앞에서 호기롭게 오산하의 시편들이 시대의 불안을 되비추는 길목이 될 것이라고 했지만, 글의 말미에 내가 도달한 곳은 여기까지이다. 나의 독해가 시대의 불안에 대한 구체적 명명을 유예하고 있음에도, 오산하 시인은 불확정적인 시적 이미지 속에 깊고 슬픈 불안의 근저를 징후처럼 심어두었고, 명민한 독자는 그 징후적 이미지 앞에서 오랫동안 머물렀을 것이다. 추측건대 그 징후는 시대적 재난을 감각하는 섬세한 정동의 발현이며, 동시에 그것을 기억하려는 마음과 이어져 있지 않을까. 시인의 상상이 제임슨이 말하는 "혜성의 불꽃"처럼 즉각적으로 와닿지 않더라도, 백야의 땅에서 빛나는 시드볼트의 조명처럼 오래도록 아름답게 명멸하리라 믿는다.

金英任 | 문학평론가

| 시인의 말 |

쑥대밭 진창 뒤죽박죽의 세상에서
초를 켠다

영혼은 뼈와 살이란 등피를 입고
더 밝게 빛난다

그러니 말이야 우리는
오래 살아서 더러워질 것이다
꿈틀거리며 와락 뒤집어버릴 것이다

초가 녹으면 새로운 초를 만들기
망가지고 짓이겨져도 기쁘게, 기쁘게

2025년 여름
오산하

창비시선 523
첨벙 다음은 파도

초판 1쇄 발행/2025년 9월 12일

지은이/오산하
펴낸이/염종선
책임편집/김가희 박문수
조판/신혜원
펴낸곳/(주)창비
등록/1986년 8월 5일 제85호
주소/10881 경기도 파주시 회동길 184
전화/031-955-3333
팩시밀리/영업 031-955-3399 편집 031-955-3400
홈페이지/www.changbi.com
전자우편/lit@changbi.com

ⓒ 오산하 2025
ISBN 978-89-364-3987-3 03810

* 이 책은 서울특별시, 서울문화재단 '2025년 첫 책 발간 지원사업'의 지원을 받아
  발간되었습니다.
* 이 책 내용의 전부 또는 일부를 재사용하려면
  반드시 저작권자와 창비 양측의 동의를 받아야 합니다.
* 책값은 뒤표지에 표시되어 있습니다.